Rezepte deutscher
Meisterköche

Alfons Schuhbeck · Dieter Müller · Albert Bouley
13 Meisterköche verraten ihre Küchengeheimnisse

BESSER
ESSEN
IN DEUTSCHLAND

Rezepte deutscher Meisterköche

Alfons Schuhbeck · Dieter Müller · Albert Bouley
13 Meisterköche verraten ihre Küchengeheimnisse

Nikol Verlagsgesellschaft mbH
Hamburg

Rezepte deutscher Meisterköche

Sonderausgabe für Nikol Verlagsgesellschaft mbH
Hamburg
Mit freundlicher Genehmigung des Originalverlages

Text: Wolfgang Mönninghoff
Fotos: Food Foto Köln, Jürgen Holz + Brigitte Krauth
Foodstyling: Stephan Krauth, Köln
Gestaltung: Stefan Riemer, Köln
Lektorat: Martina Weihe-Reckewitz
Herstellung: Ilse Rader
Reproduktionen: Regrafo GmbH, Kempen
Layout und Satz: (R) design, S. Riemer, Köln
Dieses Buch erscheint in Verbindung mit der ARD-Fernsehserie
BESSER ESSEN IN DEUTSCHLAND, die in Zusammenarbeit mit
der montanamedia von der Neuen Deutschen Filmgesellschaft
produziert wurde.
Wir danken dem Verlag Zabert Sandmann GmbH für die
Abdruckgenehmigung der Rezepte von Alfons Schuhbeck
aus dem Buch „Das neue Bayrische Kochbuch"
Umschlaggestaltung: Callena Creativ GmbH, Hamburg
Druck: Westermann Druck, Zwickau
Printed in Germany

ISBN 3-930656-76-0

INHALT

Vorwort 7

NORDDEUTSCHLAND –
KÜCHE ZWISCHEN DEN MEEREN 8

JÖRG MÜLLER 10
Gebratener Angeldorsch auf Linsensalat 12
Lammschulter mit Kräuterkruste aus dem Römertopf 14
Rote Grütze mit Vanillesauce 16
Tips rund um den Tisch 18

HEINZ WEHMANN 20
Matjestatar auf Kartoffelpuffer
mit Senf-Dill-Mayonnaise 22
Gepökelte Ochsenbrust
mit Spargelvinaigrette und Bratkartoffeln 24
Auflauf vom Quark aus der Wilstermarsch
mit Rhabarberkompott und Weinschaum 26
Tips rund um den Tisch 28

WOLF DIETER KLUNKER 30
Jahreszeitlicher Salat mit gebratenem Zanderfilet 32
Schellfischfilet mit Senfsauce
und fein geschnittenem Gemüse 34
Gefüllter Altländer Apfelpfannkuchen mit Zimteis 36
Tips rund um den Tisch 38

DIETER GERDES 40
Buchweizenpfannkuchen mit Räucheraaltatar 42
Oldenburger Pökelgans in Korinthen-Meerrettich-Sauce . . . 44
Tee-Halbgefrorenes mit Backpflaumen 46
Tips rund um den Tisch 48

SCHWABEN –
KÜCHE ZWISCHEN MAIN UND BODENSEE 50

DIETER MÜLLER 52
Schaum von Räucherfelchen
und Tomate auf geliertem Felchenkaviar 54
Krautroulade nach »Müllers Art« auf Linsen mit Spätzle . . 56
Zwieback-Apfel-Auflauf 58
Tips rund um den Tisch 60

VINCENT KLINK 62
Warm geraucherter Karpfen auf Sauerkraut 64
Mit Pfifferlingen gefüllte Kalbshaxe 66
Weintrauben-Lembergergelee mit Chaudeau-Sauce 68
Tips rund um den Tisch 70

LOTHAR EIERMANN 72
Kalbsleberwürfel mit Basilikum
an Auberginen und Zucchini 74
Hohenloher Täubchen in der eigenen Sauce
geschmort mit bunten Rübchen und Serviettenknödel 76
Quarkmaultaschen mit
marinierten Himbeeren an Mohn-Halbgefrorenem 78
Tips rund um den Tisch 80

ALBERT BOULEY 82
Sülze von Kalbskopf und Kalbskutteln
mit kalt gerührtem Ei 84
Maultaschen von der
Bodenseelachsforelle mit Shiitakepilzen 86
Glacierte Bodenseekirschen
mit Rahm und Mandelkrokantfächern 88
Tips rund um den Tisch 90

BADEN –
KÜCHE ZWISCHEN SCHWARZWALD UND RHEIN 92

HARALD WOHLFAHRT 94
Gemüseterrine mit Ziegenquark und Pesto 96
Mit Morcheln gefüllte Poulardenbrust mit Sherrysauce . . . 98
Grießauflauf mit Rumtopffrüchten 100
Tips rund um den Tisch 102

WILFRIED SERR 104
Lachsforellensülze in Schnittlauchsauce 106
Spanferkelrücken mit sauren Rahmblättle 108
Kirschpfannküchle mit
Halbgefrorenem vom Kirschwasser 110
Tips rund um den Tisch 112

ALFRED KLINK 114
Rote-Bete-Suppe mit Lachsforellenfilet
und Meerrettich-Knöpfle 116
Gepökeltes Schweinebäckchen
mit Kartoffelkruste und Linsensauce 118
Tannenhonig-Auflauf mit Williamsbirne und Rotweineis . . 120
Tips rund um den Tisch 122

MANFRED SCHWARZ 124
Kartoffelrahmsuppe mit
Blutwurststädle und gerösteten Brotwürfeln 126
Krautwickel mit Schweinsfüßle, Gänseleber und Trüffel . . . 128
Dampfnudeln mit Schmoräpfelchen und Vanillesauce . . . 130
Tips rund um den Tisch 132

INHALT

BAYERN –
SCHMANKERL-KÜCHE MIT ALFONS SCHUHBECK *134*

ALFONS SCHUHBECK *136*
Rahmsulz vom Karpfen im Schwarzbrotmantel *138*
Klares Tafelspitzsupperl mit Einlagen wie
Brätnockerl, Schinkenschöberl und Polentastrudel *140*
Gesottene Rinderbrust in der Senfkruste *142*
Schokoladenkuchen mit eingelegten Kirschen *144*
Tips rund um den Tisch *146*

Kartoffelgangerl mit Fleischpfanzl und Krautstrudel *150*
Spanferkelbrust mit Brezenfüllung *152*
Waginger Käsekuchen *154*
Krokanteis *156*
Tips rund um den Tisch *158*

Marinierte Renke mit Fencheldatschi *162*
Bayerische Bauernente mit
Semmelknödeln und Blaukraut *164*
Dampfnudeln mit Vanillesauce *166*
Tips rund um den Tisch *168*

Frisch geräucherter Waller auf Linsensalat *172*
Kastaniensuppe *174*
Gepökelter Schweinehals im
Kümmelbrotmantel mit Weißkrautsalat *176*
Schuhbecks Bayrische Creme *178*
Tips rund um den Tisch *180*

Glossar der bayerischen Schmankerlküche *170*
Stichwort- und Rezeptverzeichnis *182*
Register der Fachausdrücke *183*
Verzeichnis der Bildquellen *184*

VORWORT

BESSER ESSEN IN DEUTSCHLAND - *Das ist Behauptung und Aufforderung zugleich. Mit Beginn der siebziger Jahre nahm die Küche in Deutschland Abschied von allzugroßer Schwere, sie fand zu frischen und natürlichen Produkten, zu phantasievoller und schonender Zubereitung.*

Eine Mahlzeit sollte nicht nur sättigen – das war über viele Jahre notwendigerweise ihre einzige Funktion – sie sollte die Sinne ebenso entzücken wie ein Besuch im Museum oder Konzert.

War die erste Küchenrevolution noch stark französisch inspiriert, erfolgte in den achtziger Jahren eine Rückbesinnung auf die Küche der heimatlichen Regionen. Ob Maultasche oder Reiberdatschi, ob Schweinebäckchen oder rote Grütze – alte Rezepte wurden ausgegraben, verwandelt und vor allem dem verringerten Kalorienbedarf angepaßt.

Dieser selbstbewußte Rückgriff auf regionale Traditionen hat allerdings nichts zu tun mit Chauvinismus, zu dem eine Nation, die immer fremden Einflüssen ausgesetzt war und die in ständig wechselnden Grenzen existierte, auch wenig Anlaß hätte. Ob Hugenotten oder napoleonische Soldaten, Handwerker aus Italien oder Bergarbeiter aus Polen – alle haben den deutschen Speisezettel bereichert.

So sollte die deutsche Küche auch im Europa von heute alles aufnehmen, was sie phantasievoller und gesünder macht. Außerdem werden ja auch ehemals exotische Lebensmittel inzwischen in Deutschland in vorzüglicher Qualität angebaut. Und die Lektüre alter deutscher Kochbücher zeigt: Alles ist schon mal dagewesen, ob Auberginen, Mangold oder Morcheln.

Aber bitte – keine Erdbeeren oder Spargel im Dezember oder Pfifferlinge im März! Denn ein Spargel, morgens gestochen und abends verzehrt, ist immer ein größerer Genuß als ein Gemüse, das schon eine tagelange Reise hinter sich hat.

Also – auf immer BESSER ESSEN IN DEUTSCHLAND!

Wolfgang Mönninghoff

NORDDEU
KÜCHE ZWISCH

Heinrich Heine schrieb: »Hamburg ist die beste Republik. Seine Sitten sind englisch, und sein Essen ist himmlisch.« Dabei hat die Küche des Nordens im übrigen Deutschland nicht eben den Ruf, eine Feinschmeckerküche zu sein. Aber so einfach liegen die Dinge nicht.

Es ist ein großer Unterschied, ob die Küche dänisch beeinflußt ist (bis 1867 gehörte Altona zu Dänemark!), ob sie von der bäuerlichen Westküste kommt, vom kargen Geestrücken oder von der Ostküste mit ihren weltoffenen Hafenstädten. Mal ganz abgesehen von der international getönten Küche der Hansestädte.

Süß-sauer, das ist ein beherrschender Ton in der Küche zwischen den Meeren, wo man Gerichte ißt wie Birnen, Bohnen und Speck, Aalsuppe mit Backpflaumen oder süße Kartoffeln zum herzhaften Grünkohl.

Und natürlich Fisch. Ob Hering, Dorsch oder Schellfisch aus dem

Meer oder Aal aus dem oldenburgischen Bad Zwischenahn, sie alle tauchen in den verschiedensten Variationen in unzähligen Rezepten auf.

Und wie ist es mit dem Fleisch?

Nun, drei Finger dick, das baten sich die Mönche aus, sollte der Speck sein, wenn die Bauern ihr Fleisch im Kloster Preetz ablieferten. Eine Qualität, auf die sich die Bauern heute wieder zunehmend besinnen. Und auf den fetten Marschwiesen fressen sich die Ochsen ihr saftiges Fleisch auf die Rippen. Dazu Geflügel: Enten, Truthähne, Gänse und Hühner.

Auch sonst ist für alles gesorgt: Die Vierlande um Hamburg liefern das Gemüse, und das Alte Land in Niedersachsen ist das größte zusammenhängende Obstanbaugebiet nördlich der Alpen. Also: Es gilt Vorurteile zu korrigieren – befreien wir den Norden vom Klischee des kulinarischen Niemandslands.

JÖRG MÜLLER
RESTAURANT JÖRG MÜLLER
WESTERLAND

Wer von den zahlreichen Syltverehrern eingeweiht ist und dazugehört, der nennt den Gegenstand seiner Begierde schlicht »die Insel«. Und wohl nirgends in der Republik trifft sich Milieu und Intelligenz, Bürgerlichkeit und Protzentum auf so engem Raum wie auf dem knapp 100 km² großen Eiland hoch im Norden. Nah beieinander, aber doch um Welten getrennt, machen hier jährlich rund 500 000 Menschen Urlaub. Und alle finden offenbar, was sie suchen: die einen kilometerlange Strände zum Spazierengehen und die anderen Trubel rund um die Uhr. So reicht auch das kulinarische Angebot von Backfisch und Fischsuppe im Stehen bis zu Lokalen, bei denen der Blick auf echte und scheinbare Prominenz wichtiger ist als das Essen auf dem Teller.

Seit 1983 der Südbadener Jörg Müller von den »Schweizer Stuben« in Wertheim auf die Insel kam, gab es in der Gastronomie eine spürbare Veränderung. Da kam jemand mit einem kulinarischen Programm, ein Gastgeber, dem der anonyme Feinschmecker, der mit dem letzten Stückchen Brot die Saucenreste vom Teller wischte, lieber war als eine lange Prominentenliste im Gästebuch (wobei sich Prominenz und Feinschmeckerei ja keineswegs ausschließen!). Zuerst das heimatliche Müllheim, dann London, Zürich und St. Moritz, das waren die Stationen Jörg Müllers, bevor Adalbert Schmitt ihn in die »Schweizer Stuben« holte, wo er sich 1974 den ersten und 1977 den zweiten Michelin-Stern erkochte.

Seit 1989 hat er – nach einer Zwischenstation als Pächter – nun sein eigenes Restaurant »Jörg Müller« in Westerland. Das heißt, eigentlich sind es zwei Restaurants unter einem – natürlich strohgedeckten – Dach: das Gourmet-Restaurant und der Pesel, in dem eine stark regional gefärbte Küche angeboten wird.

Der Koch aus dem kulinarischen Musterland Baden hat seine Küche dem Lebensmittelangebot der Insel geschickt angepaßt. So verarbeitet er das Fleisch der würzigen Deichwiesenlämmer ebensogern wie die wieder heimisch gewordenen Sylter Austern, den Schafskäse aus Keitum, die Fische aus der Nordsee, das Mastochsenfleisch aus Dithmarschen und das Wild aus den schleswig-holsteinischen Jagden. Und das Gemüse wird ihm von einheimischen Bauern sogar nach seinen Wünschen gezogen.

Viele Stammgäste lohnen inzwischen die »Entente cordiale« von Deutschlands kulinarischer Herzregion Baden und dem spröden Charme Nordfrieslands, die köstliche Verbindung von gebackenem Kalbskopf mit Hahnenkämmen und Munkmarscher Muschelsuppe, nicht zu vergessen natürlich des Kochs berühmte Gänseleberpraline oder der Pot au feu vom Hummer mit – jawohl – dicken Bohnen. Denn eines bedeutet Jörg Müllers Hinwendung zur regionalen Küche ganz gewiß nicht: die Rückkehr zur altgewohnten und neugepriesenen Deftigkeit.

DAS MENÜ

. . . . . .

GEBRATENER
ANGELDORSCH
AUF LINSEN-
SALAT

. . . . . .

LAMMSCHULTER
MIT KRÄUTER-
KRUSTE AUS
DEM RÖMERTOPF

. . . . . .

ROTE GRÜTZE
MIT VANILLE-
SAUCE

. . . . . .

GEBRATENER ANGELDORSCH AUF LINSENSALAT

FÜR 4 PORTIONEN
280 g Dorschfilet
100 g grüne Linsen
1 kleine Stange Lauch
1 Karotte
40 g Sellerie
2 EL Tafelöl
Essig
Salate der Saison
300 g Kartoffeln
Salz
Pfeffer aus der Mühle

Für die Vinaigrette:
1 Tomate
1 Schalotte
1 Knoblauchzehe
1/2 Tasse Fleisch-
brühe
2 EL Estragonessig
1 EL Sherryessig
2 EL Sonnenblumenöl
1/2 TL Senf
Salz
Pfeffer aus der Mühle
1 Prise Zucker
1 EL frische gehackte
Gartenkräuter
(Petersilie, Schnitt-
lauch, Kerbel, Dill)

1 *Die Linsen über Nacht einweichen.*

2 *Das Gemüse waschen, putzen und in Linsengröße schneiden, Kartoffeln schälen und ebenfalls in etwa 5 mm große Würfel schneiden.*

3 *Die Linsen in ein Sieb geben, abtropfen lassen, mit Karotten- und Selleriestücken in heißem Öl leicht anschwitzen, mit einer Tasse Wasser und einem Spritzer Essig ablöschen. Jetzt erst die Lauchstücke dazugeben, mit Salz und Pfeffer abschmekken und 3 – 4 Minuten kochen, leicht abkühlen lassen.*

4 *Die Tomaten überbrühen, schälen, entkernen, in kleine Würfel schneiden. Die Schalotte würfeln.*

5 *Eine Schüssel mit Knoblauch ausreiben. Alle Zutaten für die Vinaigrette zusammenrühren und würzen, aber erst zum Schluß die Tomatenwürfel vorsichtig beigeben.*

6 *Die Kartoffelwürfel in heißem Fett goldbraun backen, warmstellen.*

7 *Die Dorschfilets in 60 – 80 g schwere Stücke schneiden, in Mehl wenden und in heißem Fett braten.*

8 *Die Linsen und das Gemüse auf einem flachen Teller anrichten, mit Salat garnieren, den warmen Fisch daraufgeben und mit der Vinaigrette überziehen. Kartoffeln getrennt anrichten.*

In der modernen Küche feiern die Linsen, einst als Satt- und Dickmacher verschrien, ein verdientes Comeback. Besonders, seit die Gastarbeiter auch die kleinen grünen und roten Linsen, die man ohne Einweichen zubereiten kann, hierzulande heimisch gemacht haben. Der Schmetterlingsblütler wird vor allem in Ägypten, Vorderasien, Spanien und Rußland kultiviert.

LAMMSCHULTER MIT KRÄUTERKRUSTE

FÜR 4 PORTIONEN
1 Lammschulter,
1 – 1,5 kg schwer
1 Stange Lauch
2 Möhren
2 Schalotten
4 Knoblauchzehen
80 g Sellerie
1 Zweig Thymian
1 Zweig Rosmarin
1 TL Tomatenmark
0,1 l Rotwein
60 g Butter
Salz, Pfeffer

Für die Kräuterkruste:
2 EL gehackte Kräuter
(Petersilie, Thymian,
Rosmarin)
4 EL Semmelbrösel
Salz, Pfeffer

1 *Den Römertopf einige Minuten wässern, abtropfen lassen, dann mit Butter einstreichen.*

2 *Gemüse, Schalotten und 2 Knoblauchzehen waschen bzw. schälen, in Stücke schneiden und in den Römertopf geben.*

3 *Die Lammschulter spicken: Mit einem kleinen Messer das Fleisch einstechen und mit Rosmarinzweiglein und Knoblauchspalten spicken.*

4 *Die gespickte Lammschulter mit Salz und Pfeffer würzen und in heißem Öl gut anbraten. Dann auf das Gemüse im Römertopf legen, Tomatenmark, Thymian und Rosmarin dazugeben. Den Rotwein darübergießen.*

5 *Den Römertopf verschließen und in den nicht vorgeheizten Ofen geben. Bei 200 Grad eine Stunde schmoren, dann den Ofen auf 150 Grad zurückstellen – eine weitere halbe Stunde garen (Schulter ist gar, wenn sich das Fleisch leicht vom Knochen lösen läßt).*

6 *Den Deckel abnehmen und alles mit den Zutaten der Kräuterkruste bestreuen. Butterflocken daraufgeben und – ohne Deckel – goldbraun backen.*

Als Beilagen bieten sich an: Wirsing, grüne Bohnen, geschmorte Schalotten und Kartoffeln.

Mit der gleichen Methode kann man natürlich auch andere Fleischstücke zubereiten. Probieren Sie's mal mit Wild oder Geflügel. Aber auch Fischgerichte oder Eintöpfe geraten gut im Römertopf, der ja – und das ist ein weiterer Vorteil – mikrowellengeeignet ist.

ROTE GRÜTZE MIT VANILLESAUCE

FÜR 4 PORTIONEN
200 g Schatten-
morellen
200 g Erdbeeren
200 g Johannisbeeren
200 g Rhabarber
120 g Zucker
0,25 l Rotwein
50 g Sago
1 Zimtstange

1 *Die Beeren waschen, Blütenansätze und Stiele abzupfen. Kirschen entsteinen, Rhabarber häuten und in Stücke schneiden. Falls nur gefrorene Früchte zu bekommen sind, diese auftauen, den Saft auffangen und mit dem Rotwein mischen.*

2 *Zimtstange und Sago zum Rotwein geben und aufkochen.*

3 *Sobald die Sagoperlen glasig bzw. verkocht sind, den Zucker und den geputzten, in Stücke geschnittenen Rhabarber zugeben, erneut aufkochen lassen.*

4 *Den Rest der Früchte untermischen und 2 Minuten kochen, dann abkühlen lassen und über Nacht kühlstellen.*

Für die Vanillesauce:
1/4 l Sahne
1 Vanillestange
2 Eigelb
50 g Zucker

1 *Eigelb und Zucker mit dem Rührgerät schaumig schlagen.*

2 *Sahne und halbierte Vanilleschoten zum Kochen bringen. Zu den schaumigen Eiern rühren und zurück in den Topf geben.*

3 *Sobald die Masse leicht sämig ist, diese durch ein Sieb gießen und kaltrühren.*

4 *Die Rote Grütze auf tiefe Teller verteilen und mit der Vanillesauce servieren.*

Die Rote Grütze ist eine gute Möglichkeit, mit einem Überangebot an verschiedenen Früchten gleichzeitig fertig zu werden: Was immer im Sommer an Beeren und anderen Früchten reif ist, kann seinen Weg in die berühmte Nachspeise finden.

TIPS RUND UM DEN TISCH

Daß zum guten Essen auch schönes Porzellan, edles Besteck und schöne Gläser gehören, versteht sich von selbst – schließlich ißt das Auge mit.

Hier wurde der Tisch ganz in Friesischblau und Weiß gehalten – Porzellan, Besteck und Gläser stammen von *Royal Copenhagen*.

Der Römertopf, in dem zum Beispiel die köstliche Lammschulter serviert wird, ist eigentlich das älteste Kochgeschirr überhaupt. Schon die Nomaden wickelten ihr Fleisch in Lehm oder Ton. So verschlossen, wurde der Braten im Feuer gegart, brannte nicht an und blieb saftig. Man mußte nur noch den hartgebrannten Ton zerschlagen, um an das köstliche Innere zu gelangen. Da es auf die Dauer teuer würde, jedes Mal das Kochgeschirr zu zerschlagen, erfand man den Römertopf. Er hat die gleichen positiven Eigenschaften wie die urtümliche Methode – die Lebensmittel garen schonend im eigenen Saft und mit wenig Fettzugabe – aber der Kochvorgang läßt sich beliebig oft wiederholen.

Ein zusätzlicher Vorteil: Der Backofen bleibt sauber. Man muß lediglich darauf achten, daß man den gut gewässerten Topf in den *kalten* Ofen stellt, damit er nicht platzt.

Lamm hat es schwer in Norddeutschland – obwohl es überall grast und besonders zur Pflege der Deiche unerläßlich ist, fand es bisher nur in der Feinschmeckerküche Eingang in den Speisezettel. Auf dem Land gilt es als »Armeleutefleisch«. Das hat historische Ursachen: Schafe wurden wegen ihrer Anspruchslosigkeit, ihrer Wolle und der Milch nur von den Ärmsten gehalten, die sich meistens mit Spinnen und Weben ein Zubrot verdienten. Geschlachtet wurden sie, wenn sie zu gar nichts anderem mehr nütze waren. Wie aber ein mehrjähriges Schaf schmeckt, kann man sich ohne große Mühe ausmalen.

Unter Kennern gelten die Lämmer von den Sylter Deichwiesen hingegen als besondere Spezialität, denn die salzigen Kräuter und Gräser, die sie fressen, geben ihnen ein ausgesprochen würziges Fleisch.

VORSPEISE
Zur Vorspeise paßt ein weißer Burgunder aus Bötzingen am Kaiserstuhl. Er ist trocken ausgebaut, mit feiner Frucht und viel Finesse.

HAUPTGERICHT
Der trockene Spätburgunder Rotwein aus Kiechlinsbergen paßt hier mit seiner aromatisch reichen Burgunderfülle und seinem feinen Gerbstoffgehalt.

GETRÄNKETIPS

HEINZ WEHMANN
LANDHAUS SCHERRER
HAMBURG

Sowohl der schon von Heine gerühmte Ruf der Hamburger Küche als auch der frühe Ruhm der Kaufmannschaft gründen auf zwei sehr handfesten Lebensmitteln: Hering und Bier. Der Hering wurde in Skandinavien und Holland gefangen und in Hamburg mit – Lüneburger – Salz gepökelt, verpackt und dann in alle Welt verkauft. Deshalb nennt man Hamburger Kaufleute auch heute noch gern »Heringsbändiger«. Und Ende des 14. Jahrhunderts hatte Hamburg bei 7200 Einwohnern 457 Brauhäuser, also auf je 15 Einwohner eine Brauerei.

Als sich Mitte der siebziger Jahre eine grundlegende Umwälzung der deutschen Küche abzuzeichnen begann, galt Hamburg, zumindest was die neue leichte Küche betraf, als gastronomisches Entwicklungsland. Hier herrschte die traditionelle bürgerliche Küche, wie sie den Kaufleuten und ihren Gästen als »typisch deutsch« vorschwebte: mächtige Braten, schwere Saucen und gigantische Portionen, die leicht den durchschnittlichen Kalorienbedarf eines Schauermanns decken konnten.

Das änderte sich, als 1976 Armin Scherrer sein »Landhaus« an Hamburgs feiner Elbchaussee eröffnete. Schnell erwarb er sich einen Ruf als ebenbürtiger Partner von Witzigmann, Winkler und Co., die bis dahin München zur kulinarischen Hauptstadt der Republik gemacht hatten.

Nach seinem plötzlichen und frühen Tod 1982 übernahm Heinz Wehmann zusammen mit Scherrers Frau Emmy das schwere Erbe. Aber es wäre ungerecht, zu behaupten, der damals gerade 27jährige hätte lediglich fortgeführt, was Armin Scherrer hinterlassen hat. Natürlich blieben weiterhin Scherrers Standards auf der Karte, der »gefüllte Ochsenschwanz« zum Beispiel oder das »Matjestatar«. Heinz Wehmann aber setzte sehr früh eigene Akzente. Der gebürtige Westfale

wandte sich schon früh der norddeutschen Regionalküche zu, verfeinerte die Rezepte und paßte sie unseren heutigen Bewegungsgewohnheiten an. Besonders das Gemüse hat's ihm angetan, und so kombiniert er Kohlrabi mit Gänseleber oder Hummer, Spinat mit Angelschellfisch und Spargel mit Rindfleisch oder Zander.

Einerseits hat diese Hinwendung zur Region sicher einen kulinarischen Hintergrund: Wenn ein Meisterkoch, der die Extreme der Nouvelle Cuisine leid ist, die Senfsauce zum Schellfisch macht oder gar ein Labskaus kocht, ist das Ergebnis allemal eindrucksvoll.

Aber es gibt noch ein zweites Argument: Die Kosten für die Ware sinken beachtlich, wenn die Lieferanten für Fleisch, Fisch oder Gemüse im direkten Umland sitzen. Und auch die Qualität ist leichter zu kontrollieren, zumal, wenn die Lieferanten ihre Ware nach den Vorstellungen des Kochs anbieten, also Gemüse, die wirklich jung sind, und Fleisch, das von den Erzeugern stammt, auf die sich Koch und Gast verlassen können. Und daß ein Gemüse, das schon am Tag der Ernte auf den Tisch kommt, besser schmeckt als eins, was schon weit gereist ist, ist für jeden Feinschmecker einsehbar.

DAS MENÜ

......

MATJESTATAR
AUF KARTOFFEL-
PUFFER MIT
SENF-DILL-
MAYONNAISE

......

GEPÖKELTE
OCHSENBRUST
MIT SPARGEL-
VINAIGRETTE
UND BRAT-
KARTOFFELN

......

AUFLAUF VOM
QUARK AUS DER
WILSTERMARSCH
MIT RHABARBER-
KOMPOTT UND
WEINSCHAUM

......

MATJESTATAR AUF KARTOFFELPUFFER

FÜR 4 PORTIONEN
8 Matjesfilets
1 Limone
1 EL Schalottenwürfel
1 EL Dill und Schnitt-
lauch
1 TL grüne Pfeffer-
körner

Für die Mayonnaise:
2 Eigelb
1 EL Senf
0,1 l Öl
1 EL Dill
Essig
Salz
Pfeffer aus der Mühle

Für die Kartoffelpuffer:
400 g Kartoffeln
3 Eigelb
120 g Butterschmalz
Salz
Pfeffer
Muskat

1 *Die Matjesfilets mit einem schweren Messer würfeln.*

2 *Schnittlauch und Dill kleinschneiden, die Pfefferkörner zerdrücken und alles mit dem Matjes vermengen.*

3 *Die Limone filieren. Dazu oben und unten jeweils die Kappe abschneiden, Schale und Unterschale zusammen in einem Schnitt abschneiden, mit einem scharfen Messer die einzelnen Filets herausschneiden und herausheben. Die Filets würfeln und ebenfalls zu dem Matjes geben.*

4 *Mayonnaise: Eigelb und Senf mischen, dann das Öl langsam unterrühren. Den Dill und einen Schuß Essig dazugeben, mit Salz und Pfeffer abschmecken.*

5 *Puffer: Die Kartoffeln schälen und mit einer Reibe in dünne Streifen schneiden. Die 3 Eigelb dazugeben und mit Salz, Pfeffer und Muskat abschmecken.*

6 *Mit einem Eßlöffel kleine Kartoffelplätzchen abstechen, ins heiße Fett in die Pfanne geben und plattdrücken. Von beiden Seiten goldgelb backen.*

7 *Ein Salatbouquet auf jedem Teller anrichten, je drei Puffer und ein Tatarbällchen aufsetzen und alles mit der Mayonnaise überziehen. Mit feingeschnittenen Radieschen garnieren.*

Zum Garnieren:
Dillfäden
Radieschen
Salate der Saison

GEPÖKELTE OCHSENBRUST MIT SPARGELVINAIGRETTE

FÜR 4 PORTIONEN
800 g gepökelte Ochsenbrust
1 Bund Suppengrün
1 Lorbeerblatt
6 Pfefferkörner

Für die Spargelvinaigrette:
8 Stangen weißen und grünen Spargel
1 Fleischtomate
¼ Salatgurke
1 Schalotte
8 EL Traubenkernöl
4 EL Kräuteressig
½ EL Butter
2 EL Schnittlauch
2 EL Petersilie
Fond von der Ochsenbrust
Zucker
Salz
Pfeffer
Kerbelzweige

Für die Bratkartoffeln:
400 g Pellkartoffeln, am Vortag gekocht
60 g Butterschmalz
1 Zwiebel
60 g Speck
Salz, Pfeffer

1 *Die gepökelte Ochsenbrust mit dem Lorbeerblatt, dem Suppengrün und den Pfefferkörnern im Wasser knapp am Siedepunkt ca. 2 ½ Stunden garen.*

2 *Den weißen Spargel schälen und eventuell trockene Schnittenden abschneiden. Schalen mit Butter, Salz und Zucker in Wasser aufkochen und ca. 20 Minuten ziehen lassen. Fond durch ein Sieb passieren und im Fond den Spargel ca. 8 Minuten bißfest garen.*

3 *Den grünen Spargel unten anschälen, Schnittenden abschneiden und in Salzwasser kurz bißfest kochen, mit Eiswasser abschrecken.*

4 *Die Tomate überbrühen, häuten, entkernen und würfeln. Die Schalotten schälen und fein würfeln, die Gurke würfeln.*

5 *Essig, Öl, Fond von der Ochsenbrust, Salz und Pfeffer verrühren und leicht erwärmen. Schalotten und Gurkenwürfel dazugeben, zum Schluß die Tomatenwürfel ebenfalls hineingeben. Den Spargel in gefällige Stücke schneiden und vorsichtig unterheben.*

6 *Die Pellkartoffeln schälen, in Scheiben schneiden und in heißem Öl anbraten. Feingewürfelten Speck und feingewürfelte Zwiebeln dazugeben, alles goldgelb braten und mit Salz und Pfeffer würzen.*

7 *Die Ochsenbrust in dünne Scheiben schneiden und je nach Größe 2 – 4 Scheiben je Teller anrichten. Die Spargelvinaigrette darübergeben. Die Bratkartoffeln getrennt vorlegen.*

Das Pökeln kann man übrigens sehr leicht selbst besorgen, wenn man sich aus 1 l Wasser, 500 g Salz, 50 g Zucker, 5 g Salpeter, einigen Pfefferkörnern, Wacholderbeeren und einem Thymianzweig eine Lake kocht, die man nach Erkalten über das Fleisch gießt und es einige Tage darin ziehen läßt.

AUFLAUF VOM QUARK AUS DER WILSTERMARSCH

FÜR 4 PORTIONEN
150 g Rhabarber
0,1 l Schlehen- oder
Johannisbeerlikör
1 EL Zucker

Für den Auflauf:
100 g Magerquark
2 Eigelb
3 Eiweiß
45 g Zucker
geriebene Schale von
½ Zitrone
½ EL Butter

Für den Weinschaum:
2 Eigelb
2 cl Mandellikör
2 cl Weißwein
Saft von ½ Zitrone

Zum Garnieren:
fein geschnittene
Orangenschale,
Himbeeren,
Heidelbeeren und
Minzeblätter

1 Den Rhabarber waschen und schälen, die oberen und unteren Enden abschneiden.

2 Diese Abschnitte mit dem Likör und dem Zucker gut einkochen, dann durch ein Sieb passieren.

3 Den Rhabarber in gefällige Stücke schneiden und kurz in diesem Sud dünsten.

4 2 Eigelb mit 20 g Zucker warm-kalt schlagen, dann geriebene Zitronenschale und Magerquark daruntergeben.

5 3 Eiweiß mit 25 g Zucker aufschlagen.

6 ⅓ der Eiweißmasse unter die Quarkmasse rühren, ⅔ danach vorsichtig unterheben.

7 Förmchen mit etwas Butter ausstreichen und mit Zucker ausstreuen. Auflaufmasse zu ¾ Höhe einfüllen und dann im Wasserbad im Ofen bei 170 Grad ca. 15 – 20 Minuten garen.

8 Alle Zutaten für den Weinschaum im Wasserbad bis zur Bindung warm aufschlagen, dann im Eisbad kalt schlagen.

9 Das warme Rhabarberkompott auf die Teller verteilen, je einen Quarkauflauf daraufsetzen. Weinschaum seitlich darübergießen. Etwas Orangenschale auf jeden Auflauf geben. Mit Himbeeren, Heidelbeeren und Minzblatt garnieren.

TIPS RUND UM DEN TISCH

Das Porzellan für diesen Tisch stammt von *Royal Doultan*, das Besteck von *C. Mertens* und die Gläser von der Cristallerie *Zwiesel*.

Immer mehr setzt sich bei festlich gedeckten Tischen auch im häuslichen Gebrauch der Platzteller durch. Das sieht nicht nur schön aus, der Platzteller hat auch seine Funktionen: Erstens entsteht kein häßliches Loch, wenn ein Gang abgeräumt wird, und zweitens schont er die Tischwäsche, wenn z. B. sehr heiße Teller serviert werden.

Und auch ein spezielles Tellerchen für Brot und Butter nebst einem Buttermesser sind schon lange unverzichtbar, wenn es darum geht, einen Tisch perfekt zu decken. Ein Stück Brot zwischen den Gängen neutralisiert den Gaumen und macht die Geschmacksnerven wieder bereit für neue Genüsse. Das Buttermesser soll verhindern, daß Saucenreste den Geschmack der Butter beeinträchtigen.

Das mit dem kulinarischen Entwicklungsland Hamburg ist natürlich längst passé: Man kann sich inzwischen in mehr als 3000 Restaurants durch mehr als 40 Nationalküchen essen. Ganz norddeutsch allerdings bleibt Heinz Wehmann bei seinem Menü und seinen Zutaten. Das gilt auch für die Ochsenbrust. Die fetten Marschwiesen, die die Bauern oft mühsam der Nordsee abgetrotzt haben, sind ein idealer Nährboden für Rinder. Besonders Mastochsen werden hier neben dem

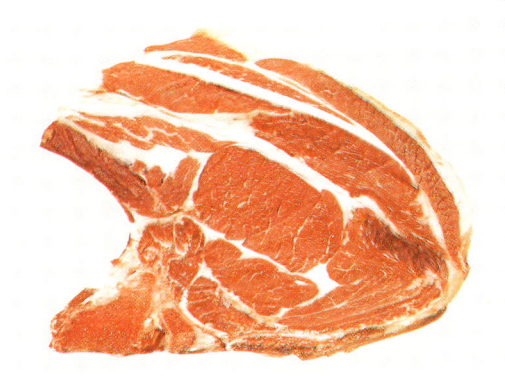

Milchvieh gehalten, die ein vorzügliches, besonders saftiges, weil marmoriertes Fleisch liefern. Das liebe Vieh denkt – da kastriert – an nichts anderes als Fressen. Sein Fleisch bleibt dadurch besonders feinfasrig und zart.

VORSPEISE
Zum Matjestatar paßt natürlich ein frisch gezapftes Bier oder ein Riesling oder Silvaner aus Baden.

HAUPTGERICHT
Beim Hauptgericht hat der Gast die Qual der Wahl: Entweder trinkt er dazu einen trockenen Grauen Burgunder (Ruländer), einen feinnervigen, saftigen Wein mit viel Eleganz. Gut paßt auch ein trockener Weißburgunder, üppiger als der graue, mit fruchtigem Duft. Ein mächtiger Wein, kraftvoll, aber doch elegant. Und dann wäre da noch der Spätburgunder Weißherbst, ein trocken ausgebauter, fruchtiger Rosé mit angenehmer Säure.

NACHTISCH
Hier paßt ein badischer Winzersekt oder eine Ruländer Trockenbeerenauslese mit einer schönen Balance zwischen edler Süße und angenehmer Säure.

WOLF DIETER KLUNKER
FISCHEREIHAFEN-RESTAURANT
HAMBURG

Wohl kaum ein Besucher der Hansestadt kommt darum herum, einmal in der Woche – und das ausgerechnet am Sonntag – unchristlich früh aufzustehen: Der Besuch auf dem Fischmarkt ist ein touristisches Muß. Alles kann man kaufen auf diesem Markt, wo sich die Nachtschwärmer mit den Frühaufstehern mischen – Topfpflanzen und Bananen, knitterfreie Hosen und sensationelle Fleckentferner. Nur das Lebensmittel, das ihm seinen Namen gegeben hat, kommt hier kaum noch und wenn, dann als Räucheraal vor. Der Brauch des Sonntagsverkaufs stammt übrigens aus dem Jahr 1703, als den Fischern erlaubt wurde, ihre leicht verderbliche Ware bis halb neun morgens feilzuhalten, damit für den anschließenden Kirchgang noch Zeit blieb. Heute ist um 10 Uhr Schluß, ob aber danach noch viele zur Kirche gehen, darf bezweifelt werden.

Feinschmecker streben in dieser – in mehrfacher Hinsicht – anrüchigen Gegend zielbewußt das »Fischereihafen-Restaurant« an, eine erste Adresse in Deutschland, wenn es um Fisch geht. Der Künstler am Herd ist Wolf Dieter Klunker.

Inhaber und Restaurantchef Rüdiger Kowalke, selbst gelernter Koch, sorgt gemeinsam mit seiner Lebensgefährtin Karin Brahm für den reibungslosen Service. Die Arbeitsteilung funktioniert perfekt: Golfspieler Kowalke, umtriebig und gesellschaftlich ambitioniert, fungiert als »Außenminister«, der eher introvertierte Klunker sorgt für reibungslose Abläufe in der Küche und tüftelt an neuen Rezepten.

Seit 1981 arbeitet das Erfolgsteam mittlerweile hier zusammen, unterstützt von 20 Köchen – darunter Klunker-Sohn Jens Peter –, und das rund ums Jahr ohne Ruhetag, bis auf Heiligabend.

In dem gediegen hamburgisch eingerichteten Restaurant mit seinen 180 Plätzen verlassen täglich bis zu 300 Gedecke die Küche. (Zum Vergleich: In einem »normalen« Gourmet-Restaurant werden pro Tag 20 - 40 Menüs serviert!). Am besten sitzt man übrigens am frühen Freitagabend hier an einem der zahlreichen Fensterplätze – dann ist ordentlich Verkehr auf der Elbe, weil viele Schiffe den Hafen verlassen, um die teuren Liegegebühren fürs Wochenende einzusparen.

Und frischer als hier kann man wohl nirgends in Deutschland seinen Fisch essen: Klunker kauft täglich bis spät abends bei den benachbarten Händlern ein, so daß durchschnittlich zweimal am Tag frisches Seegetier in die Küche kommt. Und davon verbraucht der Koch bis zu 2,5 Tonnen in der Woche. Darunter täglich etwa 20 Hummer, bis zu 70 Seezungen, 20 Dutzend Austern und mehr als einen halben Zentner Lachs.

Der Fischfreund wähnt sich hier im Paradies, denn Wolf Dieter Klunker bringt es fertig, mehrgängige Menüs ausschließlich aus Fisch zu komponieren, ohne daß auch nur einmal so etwas wie Langeweile aufkommt. Ob roh oder gekocht, gebraten oder gegrillt, ob aus dem Salz- oder Süßwasser – Fisch kann so vielseitig und so abwechslungsreich zubereitet werden, daß der Gaumen immer neue Entdeckungen macht.

DAS MENÜ

······

JAHRESZEITLICHER SALAT MIT GEBRATENEM ZANDERFILET

······

SCHELLFISCHFILET MIT SENFSAUCE UND FEIN GESCHNITTENEM GEMÜSE

······

ALTLÄNDER APFELPFANNKUCHEN MIT ZIMTEIS

······

SALAT MIT GEBRATENEM ZANDERFILET

FÜR 4 PORTIONEN
Für die Vinaigrette:
2 gelbe und 2 rote
Paprikaschoten
2 EL Kräuteressig
4 EL Traubenkernöl
Pfeffer
Salz

Für den Salat:
1 Kopf Frisée
1 Kopf Eichblattsalat
1 Kopf Lollo Rosso
2 EL Balsamessig
4 EL Traubenkernöl
Meersalz
Pfeffer aus der Mühle
Zucker

Für das Zanderfilet:
1 Zander von 700 – 800 g
ergibt 300 g Filet
50 g Butterschmalz
Mehl
1 Zitrone

Zum Garnieren:
8 Stangen grüner
Spargel
4 Kirschtomaten
Basilikumblätter
40 g rohe Rote Bete

1 *Die Paprikaschoten waschen, entkernen, kleinschneiden und mit etwas Traubenkernöl im Topf getrennt anschwitzen. Dann salzen und mit Wasser (besser noch Fischfond) bedeckt auffüllen. Gut weichkochen lassen und im Mixer pürieren. Durch ein Haarsieb passieren und erkalten lassen. Davon mit Kräuteressig, Pfeffer, Salz und Traubenkernöl eine Vinaigrette herstellen.*

2 *Die Salate putzen, gut waschen, etwas abtropfen lassen. Vom Frisée die gelben Blätter heraussuchen, vom Eichblattsalat die kleinen Blätter, vom Lollo Rosso die roten Spitzen abtrennen, mit Balsamessig, Pfeffer, Salz, etwas Zucker und Traubenkernöl marinieren.*

3 *Die Zanderfilets gut zurechtschneiden, die restlichen Gräten mit einer Pinzette entfernen. Mit Zitronensaft marinieren und mit Salz und Pfeffer würzen. In Mehl wenden, gut abklopfen und in der Stielpfanne goldbraun braten.*

4 *Die Spargelspitzen blanchieren, die Kirschtomaten enthäuten und die Rote Bete in feine Streifen schneiden.*

5 *Den Salat auf Tellern anrichten, die Spargelspitzen und die Kirschtomaten dazugeben, die Paprikavinaigrette angießen, das gebratene Zanderfilet daraufsetzen und mit den Rote-Bete-Streifen garnieren.*

Fisch ist eine der wertvollsten, aber auch empfindlichsten Lebensmittel. Er sollte deshalb nur ganz frisch genossen werden. Die Frische erkennt man daran, daß die Augen klar und die Kiemen, wenn man sie aufklappt, kräftig rot sind. Immer mehr Feinschmeckerköche gehen übrigens davon ab, frisch geschlachteten Fisch sofort zu verarbeiten. Ein Tag auf dem Eis entspannt die Muskulatur und macht den Fisch noch saftiger und zarter. Außerdem zerreißt der Fisch nicht bei der Zubereitung.

SCHELLFISCHFILET MIT SENFSAUCE

FÜR 4 PORTIONEN
1 Schellfisch ohne
Kopf, ca. 800 g
80 g feingeschnittene
Gemüsestreifen von
Sellerie, Lauch und
Möhren
2 EL Schalottenwürfel

Für den Fischfond:
Schellfischgräten
1/2 l Weißwein
1/2 l Wasser
1 Petersilienwurzel
80 g Fenchel
2 kleine Zwiebeln
1 kleine Stange Lauch
50 g Sellerie
1 Knoblauchzehe
1/2 Lorbeerblatt
einige zerdrückte
Pfefferkörner
1 Nelke
5 Wacholderbeeren
50 g Butterschmalz
Salz

1 *Den Schellfisch filieren, enthäuten und sämtliche Gräten entfernen. Die beiden Filets in 100 – 120 g große Stücke schneiden. Die Gräten für den Fischfond verwenden.*

2 *Die Gräten waschen und kleinschneiden, in Butterschmalz zusammen mit den Gemüsen anschwitzen. Mit Wasser und Weißwein auffüllen, die Gewürze dazugeben und ca. 20 Minuten auf kleiner Flamme sieden lassen, anschließend durch ein Haarsieb passieren.*

3 *1/2 l Fischfond auf die Hälfte einkochen, die Crème fraîche und die kalte Butter dazugeben, mit dem Pürierstab aufschlagen, noch mal erhitzen, aber nicht kochen lassen. Den Senf dazugeben und mit der geschlagenen Sahne gut verrühren. Zum Schluß mit Salz, Pfeffer aus der Mühle und etwas Zitronensaft abschmecken.*

4 *Die restliche Fischbrühe zusammen mit den klein geschnittenen Schalotten in einen flachen Topf geben. Einmal aufkochen lassen, die Schellfischfilets leicht salzen und zusammen mit den fein geschnittenen Gemüsen in der Fischbrühe 5 – 7 Minuten auf den Punkt garen.*

5 *Einen Spiegel von Senfsauce auf jeden Teller geben, den Fisch darauflegen, die Gemüsestreifen anlegen und alles mit Dillfäden garnieren.*

Für die Senfsauce:
1/2 l Fischfond
3 EL Crème fraîche
80 g Butter
80 g mittelscharfer
Senf
1 EL geschlagene
Sahne
1/2 Zitrone
Zucker, Pfeffer, Salz
Dill zum Garnieren

Als Beilage empfehlen wir Petersilienkartoffeln.

ALTLÄNDER APFEL-PFANNKUCHEN MIT ZIMTEIS

FÜR 4 PORTIONEN
Für den Teig:
30 g Mehl
20 g Vanillezucker
20 g zerlassene Butter
1 TL Apfelschnaps
oder Calvados
1 Ei
2 Eigelb
1/8 l Milch
abgeriebene Schale
von 1/2 Zitrone
Salz

Für die Apfelfüllung:
2 Altländer Äpfel
2 EL Zucker
2 TL Apfelschnaps
1/8 l Weißwein

Für das Zimteis:
6 Eigelb
60 g Zucker
1 Vanilleschote
1 TL Zimt
1 TL Rum
1/4 l geschlagene Sahne
Minzeblätter
Puderzucker

1 *Die 6 Eigelb mit dem ausgelösten Mark der Vanilleschote, Zimt, Zucker und Rum warm-kalt schlagen. Die geschlagene Sahne darunterheben.*

2 *Die Masse in kleine Förmchen füllen und gefrieren lassen.*

3 *Alle Zutaten für den Teig nacheinander in einer Schüssel zu einer geschmeidigen Masse verrühren.*

4 *Die Äpfel schälen, vierteln, entkernen und in Scheiben schneiden.*

5 *Den Zucker in einer Pfanne karamelisieren, mit dem Weißwein aufgießen und einkochen lassen. Dann die Apfelstücke dazugeben und einige Minuten garen lassen.*

6 *Zum Schluß den Schnaps dazugeben. Einige Minuten ziehen lassen, auf einem Sieb abtropfen lassen, die Flüssigkeit auffangen.*

7 *Die Pfannkuchen in einer Pfanne mit heißer Butter goldgelb backen, dann die Apfelfüllung hineingeben und die Pfannkuchen zusammenklappen.*

8 *Auf den Tellern anrichten und mit der aufgefangenen Sauce von der Apfelfüllung überziehen. Jeweils eine Portion Eis dazusetzen und mit Minzeblättern und Puderzucker garnieren.*

Äpfel sind das älteste und meistverbreitete Kernobst. Nur im christlich-jüdischen Weltbild stehen sie für die Sünde, weil Eva den Adam mit einem Apfel verführt hat. In anderen Kulturen gelten sie als Symbol der Liebe und Fruchtbarkeit, der Jugend und Schönheit. Wolf Dieter Klunker nimmt für seinen Nachtisch Äpfel der Sorte »Jona Gold«.

TIPS RUND UM DEN TISCH

Wen wundert es, daß Wolf Dieter Klunker ein Porzellan mit Fischmotiven bevorzugt? Dieser Tisch wurde gedeckt mit dem Geschirr *Fjord* von *Schumann*, Gläsern von *Lalique* und Besteck von *Mertens*.

Besonders schön ist es natürlich, wenn man für jedes Meergetier das passende Spezialbesteck auflegen kann (v. r. n. l.): Hummerzange und -gabel, Kaviarschaufel, Grätette (für das Entfernen der Mittelgräte z. B. bei Sardinen), Fischbesteck, Austerngabel, Krebsgabel und -messer.

Und sicher haben Sie sich schon oft gefragt, warum man Fisch eigentlich nicht mit dem normalen Messer ißt. Dafür gibt es einen ganz einfachen Grund: Das Fischmesser hat extra keine scharfe Schneide, weil man sonst leicht etwa noch im Fisch verbliebene Gräten zerteilen und verschlucken würde. Die stumpfe Klinge des Fischmessers signalisiert den Widerstand der Fischgräte, und man kann sie dann damit leicht aus dem Fisch herauslösen.

Fisch ist nicht nur – wie Wolf Dieter Klunker hier beweist – sehr vielseitig in der Art der Zubereitung, er ist auch ausgesprochen gesund. Warum das so ist? Nun, erstens macht der hohe Wassergehalt ihn leicht verdaulich, zweitens enthält er besonders hochwertiges Eiweiß: Nur 200 g Fisch decken die Hälfte des täglichen Eiweißbedarfs. Dazu ist er meistens fettarm wie die Seefische Scholle, Seelachs oder Kabeljau und die Süßwasserfische Barsch, Hecht und Zander. Hering, Lachs, Makrele und Aal zählen dagegen zu den

fetten Fischen. Aber keine Angst: Das Fischfett ist besonders reich an ungesättigten Fettsäuren, und das ist gut

für den Cholesterinspiegel. Auch Mineralstoffe sind reichlich vertreten, darunter Kalium, Calcium, Phos-

phor, Fluor und Eisen. Und bei Seefischen kommt noch Jod hinzu, das wichtig für die Schilddrüse ist.

VORSPEISE
Im Holzfaß ausgebaut, auf der Flasche gereift, präsentiert sich der Bickensohler Grauburgunder als feiner Begleiter zum Fisch, feinnervig, saftig, im Bukett mit eleganter Frische.

HAUPTGERICHT
Zu diesem Standardgericht der Hamburger Küche paßt ein Silvaner aus Ihringen, der, trocken ausgebaut, das Gericht mit Fülle und fruchtiger Säure ergänzt.

NACHTISCH
Ein Nobling-Sekt aus Auggen paßt mit seinem neutralen, fein-herben Geschmack ausgezeichnet zu dem fruchtigen Nachtisch.

DIETER GERDES
LANDHAUS AM SCHLOSSPARK
RASTEDE

Rastede muß man erst mal suchen. Sylt kennt jeder, Hamburg auch, aber das Ammerland? Liegt das nicht in Ostfriesland, was man doch auch nur aus den einschlägigen Witzen kennt? Fast richtig: Rastede liegt in Oldenburg. Man fährt daran vorbei, wenn man zu den Ostfriesischen Inseln will, nach Borkum, Juist oder Norderney.

Wie unter nahen Verwandten so üblich, waren sich die Ostfriesen und die Oldenburger häufig nicht grün, und so ist es fast verwunderlich, daß ein geborener Ostfriese aus Aurich ein erfolgreicher Gastronom im Oldenburgischen wird. Aber vielleicht ist Dieter Gerdes ja so etwas wie ein Friedensbote – man hat von schweren Auseinandersetzungen lange nichts mehr gehört.

Seit 1981 betreibt Dieter Gerdes gemeinsam mit seiner Frau Maria sein »Landhaus am Schloßpark« in Rastede, der ehemaligen Sommerresidenz der oldenburgischen Herzöge. Nach seiner Ausbildung in Frankfurt und Berlin zog es ihn wieder nach Niedersachsen, wo er zunächst im Oldenburger »Ratskeller« und im »Lönskrug« in Bad Zwischenahn erste Schritte in die Selbständigkeit tat.

Er gehört auch zu den Köchen der »Neuen Deutschen Küche«, die sich auf alte Bräuche der eigenen Region besannen und sich daranmachten, Traditionsrezepte zu modernisieren oder aus traditionellen Zutaten neue Rezepte zu kreieren. Und regionale Zutaten, das bedeutet zum Beispiel Aal aus dem Zwischenahner Meer, aus dem er eine Aaltorte macht, die ihm schnell Aufmerksamkeit in Gourmetkreisen sicherte.

Auf die Aaltorte folgten Kreationen wie Aalroulade – mit einem so altmodischen Gemüse wie Rankspinat (der wie grüne Bohnen angebaut wird) und Tripmadam, einem Würzkraut,

das ursprünglich speziell für die Zubereitung von Kutteln gebraucht wurde –, dann Gänseschinken mit grünem Spargel, Grünkohlrouladen, Minilabskaus mit Wachteleiern, Ochsenbouillon mit Wirsing oder Freilandente auf dicken Bohnen mit Steckrübenpüree. Eigens für unser Kochbuch hat Dieter Gerdes sich einen Nachtisch einfallen lassen, bei dem er auf sehr kreative Weise mit dem ostfriesischen Nationalgetränk, dem Tee, umgeht: Tee-Halbgefrorenes mit Backpflaumen.

Der Koch, der als Kind am liebsten Frikadellen mit gestovten Kohlrabi oder Hasenkeulen mit Rotkohl aß, mußte auf einschlägige Auszeichnungen nicht lange warten: Neben lobenden Erwähnungen im Gault-Millau und im Varta-Führer blieb auch der begehrte Michelin-Stern nicht aus.

Wenn es sich nun im übrigen Deutschland langsam herumspricht, daß der kulinarisch vielgeschmähte Norden aus seinem Dornröschenschlaf erwacht ist – Dieter Gerdes aus Rastede ist daran sicher nicht ganz schuldlos.

DAS MENÜ

......

BUCHWEIZEN-PFANNKUCHEN MIT RÄUCHER-AAL-TATAR

......

OLDENBURGER PÖKELGANS IN KORINTHEN-MEERRETTICH-SAUCE

......

TEE-HALB-GEFRORENES MIT BACKPFLAUMEN

......

BUCHWEIZENPFANNKUCHEN MIT RÄUCHERAAL-TATAR

FÜR 4 PORTIONEN
1 fester, nicht zu fetter
Räucheraal
1 Bund Schnittlauch
400 ml Crème fraîche
100 g Buchweizenmehl
4 Eier
1/8 l Wasser
1/4 l Milch
50 g zerlassene Butter

1 *Mehl, Eier, Wasser, Milch und Butter zu einem hellflüssigen Teig verarbeiten.*

2 *Eine kleine oder mittlere Pfanne mit ein wenig Öl auspinseln. Aus dem Teig 4 dünne Pfannkuchen backen und diese zur Seite stellen.*

3 *Ein sauberes Küchentuch auf den Aal legen, um die Hände vor Verletzungen und Aalfett zu schützen. Der Aal muß gut kalt sein.*

4 *Mit einem scharfen Messer den Kopf abtrennen, dann an der Mittelgräte beidseitig entlangschneiden.*

5 *Die Filets mit dem »Ammerländer Löffeltrick« von der Haut trennen (mit einem Eßlöffel von der Haut abschaben, dabei am Schwanzende beginnen), dunkle Räucherstellen herausschneiden.*

6 *Die Filets würfeln. Den Schnittlauch kleinschneiden, ein paar Halme zum Garnieren zurückhalten. Den Schnittlauch mit den Aalwürfeln mischen.*

7 *Die Pfannkuchen mit fester, kalter Crème fraîche bestreichen, Aalwürfel daraufgeben und alles zusammenrollen.*

8 *Die Rollen (möglichst mit einem elektrischen Messer) in schräge Scheiben schneiden und diese kreisförmig auf den Tellern anrichten. Verflüssigte Crème fraîche in die Zwischenräume geben und alles mit Schnittlauchspitzen garnieren.*

Pfannkuchenteig sollte immer einige Zeit ruhen, damit das Mehl gut ausquellen kann. Entweder nimmt man zum Ausbacken eine spezielle Crêpes-Pfanne aus Gußeisen oder eine beschichtete Pfanne. Wenn Teig übrigbleibt, sollte man weitere Pfannkuchen backen, die – in Streifen geschnitten – eine schöne Suppeneinlage (Frittaten) ergeben.

OLDENBURGER PÖKELGANS

FÜR 4 PORTIONEN
1 Gans
2 l Wasser
1 l Gemüsebrühe
50 g Pökelsalz
1 Bund Suppengrün
1 Zwiebel
1 Thymianzweig
2 Lorbeerblätter

Für die Sauce:
100 g Korinthen (über
Nacht in Weißwein
eingeweicht)
0,2 l Weißwein
30 g Gänseschmalz
2 Zwiebeln
$1/4$ l Sahne
$1/2$ l Gänsefond
50 g Butter
50 g Meerrettich
Pfeffer, Salz

Für den Wirsingkohl:
200 g Wirsing
400 g Kartoffeln
50 g Butter
0,1 l Gänsefond
1 TL Kümmel
Muskat,
Pfeffer, Salz

1 *Die Gans tranchieren: Mit einem scharfen Messer am Brustknochen entlangschneiden, die Brustfilets herauslösen, die Keulen mit kräftigem Druck abtrennen.*

2 *Aus Wasser, Brühe und Pökelsalz eine Lake herstellen. Die Gänseteile in die Lake legen und so beschweren, daß die Teile ganz von der Lake bedeckt sind. Vier Tage ruhen lassen.*

3 *Die Gänsekeulen in 2–3 l kochendes Wasser legen, nach 15 Minuten die Brustfilets dazugeben. Insgesamt 1 $1/2$ Stunden garen lassen.*

4 *Nach 1 Stunde das Suppengrün, den Thymian und die mit Lorbeerblättern gespickte Zwiebel dazugeben.*

5 *Die Zwiebeln kleinschneiden und im Gänseschmalz leicht anschwitzen. Dann mit dem Weißwein der Korinthen ablöschen. Die Sahne dazugeben und alles mit dem Gänsefond auffüllen.*

6 *Die Flüssigkeit bis auf ca. 0,1 l einkochen lassen, mit der Butter aufschlagen, den geriebenen Meerrettich und die Korinthen daruntergeben, mit Salz und Pfeffer würzen.*

7 *Für den Wirsingkohl: Butter und Gänsefond, Kümmel, Muskat, Salz und Pfeffer erhitzen.*

8 *Kartoffeln und Wirsing waschen bzw. schälen und in kleine Stücke schneiden, dann in den Sud geben und ca. 10 Minuten garen lassen.*

9 *Die Gans enthäuten, die Brustfilets in Streifen schneiden und auf den Tellern mit den Wirsingkartoffeln und der Korinthen-Meerrettich-Sauce anrichten.*

Achtung:
Die Gänseteile müssen
4 Tage in der Pökellake
liegen.

TEE-HALBGEFRORENES MIT BACKPFLAUMEN

FÜR 4 PORTIONEN
30 entsteinte Back-
pflaumen
1 l aufgebrühter Tee
0,3 l Milch
1 EL Ostfriesentee-
blätter
3 Eigelb
100 g Zucker
200 g geschlagene
Sahne
½ Vanilleschote
20 ml Rum

Zum Garnieren:
gehobelte Mandeln
Puderzucker

1 *Die Backpflaumen in 1 Liter Tee aufkochen und über Nacht ziehen lassen.*

2 *Milch, Teeblätter und das ausgelöste Mark der Vanilleschote aufkochen.*

3 *Eigelb mit dem Zucker schaumig aufschlagen.*

4 *Tee-Milch durch ein Sieb passieren und zu der Eigelbmasse dazugeben. Alles über dem Wasserbad bis zu einer Bindung aufschlagen, dann im Eisbad kalt schlagen.*

5 *Den Rum dazugeben, ⅓ der geschlagenen Sahne unterrühren, den Rest vorsichtig unterheben.*

6 *¾ der Backpflaumen aus dem Tee nehmen, teilen und zwischen zwei Frischhaltefolien plattieren. Mit den Folien in die Terrine legen und diese gänzlich auskleiden.*

7 *Dann die innere Folie abziehen, die Tee-Masse hineingeben, und alles ca. 2 Stunden kalt stellen.*

8 *Die restlichen Pflaumen ebenfalls plattieren und auf die vorgekühlte Auflaufmasse legen, so daß die Tee-Masse vollkommen von Pflaumen umhüllt ist. Weitere 4 Stunden kalt stellen.*

9 *Die Terrine stürzen und die noch verbliebene Folie abziehen. Dann in Scheiben schneiden, mit Puderzucker und Mandeln bestreuen und evtl. mit den restlichen Pflaumen garnieren.*

Nach der Rezeptur eines Halbgefrorenen oder Parfait kann man ganz leicht sein Eis selbst machen, auch wenn keine Eismaschine zur Hand ist. Da sind der Phantasie kaum Grenzen gesetzt. Wichtig ist, daß die Masse gut durchfriert und etwa eine Stunde vor dem Servieren aus dem Tiefkühler kommt, damit das Halbgefrorene wieder schön geschmeidig wird.

TIPS RUND UM DEN TISCH

Dieter Gerdes entschied sich bei seinem liebevoll gedeckten Tisch für ein *Friesland*-Geschirr, Modell *Jeverland, Indian Dekor*, für Besteck von C. M*ertens*, Modell *Liselotte*, und für die *Auslese*-Gläser von *Peill + Putzler*.

Wenn man sich Gäste zum Essen nach Hause einlädt, hat dies außer Spaß und Freude leider meist auch einen bitteren Nachgeschmack: Wenn die Gäste zufrieden gegangen sind, bleibt die Hausfrau mit ihrem Schlachtfeld allein. Die Spülmaschine ist dann gewiß eine große Hilfe, aber oft ist die Unsicherheit groß, was eigentlich in die Spülmaschine darf. Beim Porzellan gibt es eine verhältnismäßig einfache Grundregel: Geschirr mit Untergla-

sur darf in die Spülmaschine, solches mit Aufglasur nicht. Und die Aufglasur kann man recht einfach erkennen: Wenn sich das Dekor ein wenig stumpf anfühlt, ist es erst nach der Glasur aufgebracht worden

und deshalb besonders empfindlich gegen mechanische Beanspruchung. Kristallgläser sollten auch in jedem Fall mit der Hand gespült werden, und Silberbesteck sollte in der Spülmaschine kein anderes Metall berühren, da es sonst chemische Reaktionen geben kann. Auch in der Schublade sollte es getrennt von anderem Besteck aufgehoben werden.

Flach und moorig, ein wenig melancholisch ist das Oldenburger Land. Die Seen, die hier »Meere« heißen, sind immer noch gut gefüllt mit allerfeinsten Fischen. Einer davon, der Aal, nimmt die Spitzenposition auf den Speisekarten ein, besonders, wenn die Ammerländer Räucherkünstler ihn verarbeitet haben, denen die Region auch vorzügliche Würste und Schinken verdankt. Und Kochkünstler wie Dieter Gerdes finden immer neue Möglichkeiten, ihn auf interessante Art zuzubereiten. Außerdem hat der Aal einen ganz entscheidenden Vorteil: Er bietet eine gute Unterlage für den sogenannten friesischen Landwein, den Korn, den man hier nicht nur zum Reinigen der vom Aal fettigen Finger benutzt.

VORSPEISE
Zum Aaltatar paßt ein von Dieter Gerdes kreierter Aperitif: Winzersekt und Weißbier zu gleichen Teilen.

HAUPTGERICHT
Hierzu paßt ein badischer Ruländer der neuen Art: Grauburgunder, erfrischend fruchtig, mit feinem Burgunderaroma und herzhaft säurebetont.

GETRÄNKETIPS

SCHW
KÜCHE ZWISCHEN M

D ie Schwaben gelten als Tüftler und Erfinder, sie haben sich den Kartoffelsalat ausgedacht, die Spätzle, das Luftschiff, das Automobil und Albert Einsteins Relativitätstheorie. Ihr pietistisches Erbe spiegelt sich in der Geradlinigkeit und Schmucklosigkeit ihrer kulinarischen Hervorbringungen. Das Essen dient zuvörderst dem Sattwerden und dann erst – möglicherweise und ein bißchen verschämt – dem Vergnügen. Das unterscheidet sie grundsätzlich von ihren sinnenfrohen Verwandten, den Badenern.

Den Kartoffelsalat haben sie erfunden, obwohl die Schwaben traditionell mit der preußischen Trüffel nur wenig im Sinn haben: Die schwäbische Küche ist eine Mehlküche. Mehl, sei es aus Weizen oder Dinkel (Grünkern), hat die Phantasie der schwäbischen Hausfrau stimuliert wie kein anderes Lebensmittel. Sie bereitet daraus Spätzle, jede Sorte Nudeln, Flädle und Pfannkuchen, Knöpfle und Knödel oder Maultaschen, Ofenschlupfer, Dampfnudeln und jede Menge Gutsle und Kuchen. Die Bevorzugung des Mehls hat neben historischen auch ganz praktische, klimatische

Gründe: Das Frühjahr beginnt früh nach einem häufig sonnigen Winter, der Sommer ist heiß und lang, der Herbst kurz und mild. Wind ist selten. So konnten die Schwaben schon früh über verhältnismäßig hochwertiges Mehl verfügen. Mehltruhen sind seit 1500 Jahren im Schwäbischen überliefert.

Die Maultaschen, so wird behauptet, sind eine schwäbische

Die schwäbische Küche ist eine Küche der Bauern und Winzer und hat natürlich auch ihre regionalen Besonderheiten. So unterscheidet sich die Küche des Allgäus mit ihrer Betonung von Milch und Käse, Mehl und Schmalz von der Fleischküche des Unterlands, wo es sonntags, dienstags und donnerstags Fleisch gab. Der Hohenloher Bauer schlachtete um Martini (11.11.) ein Rind, im Februar seine Sauen, deren Fleisch er für den Sommer räucherte. Auch ein gutes Stück Wild verschmähte er nicht.

Daß um Stuttgart Kohl angebaut wird, sieht man schon aus dem Flugzeug. So ist natürlich Kraut in allen Varianten eine Konstante schwäbischer Küche.

Innereien werden hier gern gegessen, ob Bries, Leber oder Kutteln, eine Vorliebe, die der Schwabe mit seinen südlichen Nachbarn teilt.

Variante der italienischen Ravioli. Andere, die mit dieser Version nicht einverstanden sind, suchen ihre Ursprünge in Rußland (das schwäbische Königshaus war mit der Zarenfamilie verwandt). Viel hat auch Lothar Eiermanns These für sich, der in der Maultasche eine Tarnung für eine Fleischfüllung sieht, mit der der knitze Schwabe die strengen Fastenregeln umgeht.

Aber so bodenständig der Schwabe sich in seinen Eßgewohnheiten auch gibt, er war immer neugierig auf das, was in anderen Töpfen schmurgelte. Ob Römer, Schweden, Österreicher oder Franzosen – von allen guckte er sich etwas ab und verleibte es bei Wohlgefallen seinem eigenen Speisezettel ein.

DIETER MÜLLER
SCHWEIZER STUBEN
WERTHEIM

Sicher waren es unter anderem die Erfahrungen aus Kriegszeiten, die Vater Müller veranlaßten, seinen Kindern – er hatte deren sieben – zu raten, in die Gastronomie zu gehen, denn dort gebe es wenigstens immer zu essen. Sechs folgten diesem Rat, die Brüder Jörg und Dieter Müller errangen Weltruf.

Als der vom Traum nach perfekter Gastronomie besessene Fabrikant Adalbert Schmitt 1972 die »Schweizer Stuben« in Wertheim am Main eröffnete, stand zunächst Jörg dort am Herd, dem sich ein Jahr später Bruder Dieter zugesellte. Bis 1982 schafften die beiden zusammen, dann eröffnete Jörg Müller sein Restaurant auf Sylt.

Adalbert Schmitts gastronomisches Konzept verbindet sportliche Betätigung (auf einer hauseigenen Tennisanlage) mit luxuriösem Wohnen und exzellenter Küche. Neben den »Schweizer Stuben«, in denen vor allem der eleganten internationalen Küche gehuldigt wird, runden der eher rustikale »Schober« und die italienische »Taverne La Vigna« das gastronomische Angebot ab.

Nach seiner Ausbildung in der badischen Heimat holte sich Dieter Müller den Feinschliff in den besten Häusern der Schweiz und auf Korfu. Aber erst hier in Wertheim fand er das richtige Klima für die Entfaltung seines schier unbegrenzten Talents. Was an Auszeichnungen zu erringen war, er erhielt sie: Michelin-Sterne, zweimal Koch des Jahres bei Gault-Millau – Dieter Müllers Aufstieg war nicht zu bremsen. Er gilt als Senkrechtstarter und Kreativitätsbündel in dieser an Talenten weiß Gott nicht armen oberen Hundertschaft der besten deutschen Köche.

Lesen wir nach, wie er selbst in seinem Kochbuch seine Küche beschreibt: »Keine Angst, die feine Küche, wie ich sie sehe und verstehe, ist nicht kompliziert. Sie ist eine natürliche Küche ohne Schnörkel, Netz und doppelten Boden. Feine Küche heißt bei mir Kochen mit Engagement, Phantasie, Fingerspitzengefühl und Mut zur Kreativität. Ich glaube, wer Spaß am Kochen hat, gerne experimentiert und nicht unbedingt mit den Berufsköchen konkurrieren will, der wird es leicht haben, sich dieser Küche unbeschwert zu nähern.« (Aus: »Das Dieter Müller Kochbuch«, Heyne)

Hier gibt der Meisterkoch ein wichtiges Stichwort: Wer war nicht schon Opfer eines ehrgeizigen Hobbykochs, der emsig bemüht war, den großen »Kollegen« nachzueifern – bleich vor Ehrgeiz und völlig verkrampft? Vor lauter Eifer und Konzentration auf sein Tun ein unaufmerksamer Gastgeber, der seine Gäste terrorisiert. Auch dieses Kochbuch soll nicht die kulinarische Überanstrengung fördern – bei vielen Menüs lassen sich Dinge am Tag vorher zubereiten, so daß bei der Einladung selbst Gastgeber und Gastgeberin für die Gäste dasein können.

Zur Zeit der Drucklegung dieses Buchs verließ Dieter Müller die "Schweizer Stuben", aber wo es ihn auch hinverschlägt, Feinschmecker werden den Weg zu ihm finden.

DAS MENÜ

......

SCHAUM VON RÄUCHER-FELCHEN UND TOMATE AUF GELIERTEM FELCHEN-KAVIAR

......

KRAUTROULADE NACH »MÜLLERS ART« AUF LINSEN MIT SPÄTZLE

......

ZWIEBACK-APFEL-AUFLAUF

......

SCHAUM VON RÄUCHERFELCHEN UND TOMATE AUF GELIERTEM FELCHENKAVIAR

FÜR 4 PORTIONEN
Für das Gelee:
2 EL Felchenkaviar
1/8 l trockenen Weißwein
ca. 500 ml Wasser
150 g frische Fischgräten
1 EL gewürfelten Sellerie
1 EL gewürfelte Schalotten
1 EL gewürfelten Lauch
1 Eiweiß
1 kl. Zweig Estragon
1 kl. Zweig Thymian
1 Msp. Safran
1 Blatt Gelatine
Salz
1 kl. Spritzer Tabasco

Für den Felchenschaum:
350 g geräucherte Felchen
100 g Sahne
40 ml Weißwein
60 ml Fischfond
(erhält man beim Kochen des Gelees)
1 Zweig Thymian
1 Zweig Estragon
50 g geschlagene Sahne
1 Blatt Gelatine
20 ml Sherry
Saft einer halben Zitrone
weißen Pfeffer
Salz

1 *Die Fischgräten gut wässern und dann kleinschneiden. Mit dem Gemüse, den Kräutern, den Safranfäden und dem Eiweiß vermischen und mit dem Wein und dem Wasser ca. 15 Minuten leicht köcheln lassen.*

2 *Alles durch ein feines Sieb oder ein Tuch passieren. 1/4 von diesem Fond mit der vorher kalt eingeweichten und gut ausgedrückten Gelatine verrühren. Dann mit Salz und Tabasco würzen und kühl stellen.*

3 *1 TL Felchenkaviar in jede Anrichte-Glasschale einfüllen, mit dem schon leicht stockenden Gelee übergießen, mit einem Löffel ein wenig vermischen und zum Erstarren kalt stellen.*

4 *Nun die Felchen filetieren. Die Gräten und die Haut mit Fischfond, Sahne, Weißwein und Kräutern ca. 6 Minuten köcheln lassen.*

5 *2/3 der Filets in Streifen schneiden, in den Mixer geben und zusammen mit dem zuvor passierten Fischfond pürieren. Erneut durch ein Sieb passieren und in die warme Masse die kalt eingeweichte Gelatine geben, gut verrühren und kühl stellen.*

6 *Für den Tomatenschaum das Tafelöl erhitzen. Schalotte und Knoblauch darin schwenken, kleingeschnittene Tomate, pürierte Schältomaten, Staudensellerie und Kräuter dazugeben und alles ca. 6 Minuten köcheln lassen.*

7 *Das letzte Drittel der Felchenfilets in kleine Würfel schneiden und zu der unter Punkt 5 beschriebenen, abgekühlten Masse geben. Mit Sherry, Zitrone, Salz und Pfeffer kräftig abschmecken und zum Schluß die geschlagene Sahne unterrühren.*

8 *Felchenschaum auf das erkaltete Kaviargelee geben und erneut kalt stellen, damit der Schaum fest wird.*

9 *Währenddessen das Tomatengemüse durch ein Sieb passieren, die Gelatine (wie immer kalt eingeweicht) dazugeben, alles verrühren und mit Salz und Pfeffersauce abschmecken. Die Masse abkühlen lassen, bis sie dickflüssig wird.*

10 *Danach die geschlagene Sahne unterheben, die Masse auf dem fest gewordenen Felchenschaum verteilen, ca. 1 Stunde kalt stellen. Nach Belieben mit Basilikumblättchen und Kaviar garnieren.*

Für den Tomatenschaum:
200 g Schältomaten (aus der Dose)
1 vollreife Tomate
1 Schalotte
1 Zweig Staudensellerie
1/3 Knoblauchzehe (zerdrückt)
Thymian
Basilikum
1 EL Tafelöl
50 g geschlagene Sahne
1 Blatt Gelatine
Salz
rote Pfeffersauce

Die Vorspeise wirkt möglicherweise auf den ersten Blick etwas kompliziert. Man kann sie aber auch sehr gut am Vortag zubereiten. Und ganz wichtig beim Kochen ist das, was die Köche »Mise en place« nennen, also die präzise Vorbereitung aller Zutaten in der Form, in der man sie beim Kochen braucht, damit man nicht während des Kochens hektisch in der Küche herumirrt.

KRAUTROULADE NACH »MÜLLERS ART« AUF LINSEN MIT SPÄTZLE

FÜR 4 PORTIONEN
4 große Blätter vom Weißkraut
320 g leicht geräuchertes Schweinefilet
je 100 g gewürfelten Sellerie und Karotten
75 g Fleischbrät
100 g Tatar
1½ Brötchen
1 TL Zwiebelwürfel
1 Knoblauchzehe
70 ml Milch
1 EL Butterschmalz
Thymian, Majoran
Petersilie
Pfeffer und Salz

Für das Linsengemüse:
1 TL Zwiebelwürfel
je 75 g rote und grüne Linsen (mindestens 1½ Tage in kaltem Wasser eingeweicht)
1 EL Karottenwürfel
1 EL Selleriewürfel
1 EL Zucchiniwürfel
60 ml Kochfond vom Schweinefilet
40 ml trockener Weißwein
1 Thymianzweigchen
1 Spritzer Balsam-Essig
50 g kalte Butter
Pfeffer und Salz

1 Das Schweinefilet in schwach siedendem Wasser je nach Stärke 8 – 12 Minuten garen und im Fond abkühlen lassen.

2 Die Weißkohlblätter vom harten Strunk befreien, in kochendem Salzwasser blanchieren, abkühlen und auf einem Tuch ausbreiten. (Die Blätter lassen sich am besten vom Kohlkopf lösen, wenn man diesen vorher ebenfalls kurze Zeit in kochendem Wasser blanchiert.)

3 Die Kruste vom Brötchen entfernen, das Brötchen würfeln, mit der warmen Milch beträufeln und einweichen lassen. Zwiebelwürfel und Knoblauch in Butterschmalz andünsten und zu der Brötchenmasse geben.

4 Fleischbrät mit Kräutern, Brotmasse und Tatar vermengen und mit Pfeffer und Salz würzen. Diese Masse dünn auf die Kohlblätter streichen, das Schweinefilet portionieren und darauflegen und die Kohlblätter einrollen.

5 Etwas Butterschmalz in einem Gußeisenschmortopf erhitzen und die Rouladen von allen Seiten gut anbraten. Dann das Gemüse dazugeben und abgedeckt bei 190 Grad ca. 15 Minuten schmoren.

6 Die Zwiebel- und Gemüsewürfel in einer ausgebutterten Pfanne leicht anschwitzen, dann die grünen Linsen dazugeben. Mit Weißwein, Fond und einem Spritzer Essig aufgießen, den Thymianzweig hineingeben und alles 12 Minuten köcheln lassen. Dann erst die roten Linsen zugeben und weitere 2 – 3 Minuten köcheln lassen. Zum Schluß den Thymianzweig entfernen und kalte Butterwürfelchen zur Bindung einrühren.

7 Aus Eiern, Eigelb, Mineralwasser und einer Prise Salz einen Spätzleteig rühren. Mehl und Hartweizengrieß zugeben, dabei darauf achten, daß der Teig nicht zu fest wird.

8 Einen Teil des Teigs auf einem Spätzlebrett (es kann auch ein ganz normales Holz- oder Plastikbrett sein) dünn verstreichen, mit einem Teigschaber oder einer Palette, die vorher angefeuchtet wird, zügig den Teig in dünnen Streifen in kochendes Salzwasser schaben und ca. 3 Minuten köcheln lassen. Die fertigen Spätzle mit einer Schaumkelle herausschöpfen, in kaltem Wasser abschrecken und zum Servieren in warmer Butter schwenken und mit Salz würzen.

9 Linsen und Spätzle auf den Tellern anrichten, die in Scheiben geschnittenen Krautrouladen plazieren und das Schmorgemüse dazugeben.

Für die Spätzle:
2 Eier
2 Eigelb
150 g Weizenmehl
2 EL Hartweizengrieß
2–4 EL Mineralwasser
Butter
Salz

In vielen Rezepten braucht man für eine Fleischfarce sogenanntes Brät. Das ist das Innere einer rohen Kalbsbratwurst. Beim Würzen der Farce ist Zurückhaltung angezeigt, denn die Bratwurstfüllung ist natürlich schon gewürzt.

ZWIEBACK-APFEL-AUFLAUF

FÜR 4 PORTIONEN
160 g Zwieback
1/8 l Milch
500 g säuerliche Äpfel
125 g Zucker
1 TL Zimt
4 EL Rum
3 Eier
1/8 l saure Sahne
1/8 l Crème fraîche
Paniermehl
Butter

Für die Vanillesauce:
200 ml Milch
200 ml Sahne
2 Vanilleschoten
80 g Zucker
6 Eigelb

Zum Garnieren:
Erdbeer- oder
Himbeermark

1 *Den Zwieback mit der Milch beträufeln und einweichen lassen.*

2 *Eine feuerfeste Form mit Butter ausstreichen, den Boden mit Zwieback bedecken.*

3 *Die Äpfel schälen, entkernen und grob reiben. Zimt und Zucker vermischen, die Apfelraspeln mit der Hälfte des Zimtzuckers verrühren und zum Schluß den Rum dazugeben.*

4 *Die Apfelmasse auf die Zwiebackschicht geben und mit einer weiteren Schicht Zwieback abdecken.*

5 *Dann Eier mit dem restlichen Zimtzukker, saurer Sahne und Crème fraîche verrühren und auf die Zwiebackschicht geben. Das Ganze gut mit Paniermehl bestreuen, Butterflocken aufsetzen und im vorgeheizten Ofen bei 190 Grad 45 Minuten bakken.*

6 *Für die Vanillesauce Milch und Sahne erhitzen, das ausgelöste Vanillemark und die Schoten sowie die Hälfte des Zuckers dazugeben und köcheln lassen.*

7 *Eigelb mit dem restlichen Zucker verschlagen, das köchelnde Milch-Zucker-Gemisch dazugeben, damit die Masse stockt. Zum Schluß durch ein Passiersieb geben und kalt stellen.*

8 *Mit einem Förmchen einzelne Portionen aus dem warmen Auflauf ausstechen. Auf jeden Teller einen Saucenspiegel geben. Etwas Erdbeer- oder Himbeermark tröpfchenweise auf die Sauce geben und mit einem Stäbchen zu Herzen ziehen. Zum Schluß jeweils den Auflauf plazieren.*

Dieser Nachtisch ist eigentlich eine elegante Variation vom »Ofenschlupfer«, einem Reste-Essen, das besonders von Kindern geliebt wird.

TIPS RUND UM DEN TISCH

Ein festliches Essen ist nicht denkbar ohne den passenden Wein, und der Wein schmeckt natürlich besonders gut aus schönen Gläsern. Dieter Müller servierte sogar seine Vorspeise in Glasschalen. Er wählte dafür Gläser der Firma *Wirths*.

Vor mehr als 6000 Jahren fanden die Syrer heraus, daß man aus Kalk, Sand und Soda

Glas schmelzen und formen kann. Der Quarzsand ist der Glasbildner, der Kalk bestimmt die Härte. Die Schmelztemperatur liegt bei 1500 Grad. Die Produktionsmethoden sind seit Urzeiten die gleichen geblieben: Der Glasmacher holt mit seiner Glasbläserpfeife einen rotgelb glühenden Glasklumpen aus dem Ofen. Er formt die Kugel mit einer Art Holzlöffel vor und bläst sie dann in eine Form aus Holz. Nach einer langen Abkühlphase wird die überflüssige Glaskappe entfernt. Das Glas ist fertig, wenn es poliert und geschliffen worden ist.
Inzwischen gibt es Maschinen, die die Arbeit mechanisiert haben.

Das Preßhohlglas wurde im 19. Jahrhundert in England erfunden, man erkennt es an den Nahtstellen. Erst diese Technik machte Glas als alltägliches Trinkgefäß erschwinglich. Kristallglas ist möglichst rein, farblos und frei von Schlieren und Blasen. Der Rohmasse werden etwa 10 % Bleioxid, Barium-, Kali- oder Zinkoxid allein oder gemischt zugesetzt.
Im berühmten Bleikristall sind mindestens 25 % Bleioxid. Es macht das Glas schwerer, wohlklingender und »weißer«. Außerdem ist der Glanz intensiver, was man besonders dann sehen kann, wenn Bleikristall geschliffen wird.
Farbe erhält das Glas durch Beimischung von Metalloxiden. So färbt Kobaltoxid blau, Kupferoxid blaugrün und rot. Schwefel und Silberverbindungen färben es gelb, Gold rosa bis rubinrot, und mit Manganoxid erzielt man ein tiefes Burgunderrot.
Pflegetips:
Beschlagene Gläser werden schnell wieder klar, wenn man sie mit Essig oder Salmiakgeist reinigt.
In der Spülmaschine nicht über 60 Grad und im Schongang abwaschen.
Die heute so beliebten hochstieligen, dünnwandigen Gläser sollten nur handwarm abgewaschen werden. In jedem Fall muß man Gläser sofort abtrocknen und polieren.

Der Südbadener Dieter
Müller kocht schwä-
bisch, und dabei geht
er selbstbewußt und
kreativ mit solch
urschwäbischen
Zutaten um wie Kohl,
Linsen und Spätzle.
Der Felchen, in Bayern
auch Renke genannt,
ist ein forellenähnlicher
Lachsfisch, der in den
Seen nördlich der
Alpen zu Hause ist.
Sollten Sie ihn in Ihrem
Fischgeschäft nicht
bekommen, können Sie
ohne weiteres auch
Forellen für Dieter
Müllers Vorspeisen-
Rezept verwenden.

VORSPEISE
Zur Vorspeise serviert
Dieter Müller einen
trockenen Weißbur-
gunder aus Nordba-
den, einen »Reicholz-
heimer First«. Ein
kraftvoller, aber den-
noch eleganter Wein.

HAUPTGERICHT
Zu Dieter Müllers Va-
riation des Krautwik-
kels paßt eine trocken
ausgebaute Spätlese
aus dem Markgräfler
Land »Britzinger
Sonnhole«, ein fruch-
tiger und säurebeton-
ter Grauburgunder.

GETRÄNKETIPS

VINCENT KLINK
HOTEL POSTILLION
SCHWÄBISCH GMÜND

Man weiß nicht, ist Vincent Klink nun ein Koch, der auch schreibt oder ein Schreiber, der kocht, weil – irgendwas Vernünftiges muß der Mensch ja tun. Wenn man früher in den Wäldern um Schwäbisch Gmünd lustwandelte, konnte es schon geschehen, daß einen wüste Läufe auf der Trompete glauben machten, die Jagd auf Niederwild sei offen, und ein Treiber meine es besonders gut mit dem Aufscheuchen der unschuldigen Tiere, die doch Miles Davis nicht von den Egerländern unterscheiden können. Es war aber nur die Rücksicht auf die Familie, die den musikalischen Vincent zuerst zum Üben ins Grüne trieb und später dann zu Flöte oder Gitarre greifen ließ. Und dazu sammelt er Papier, einfach schönes Papier, auf das er dann in seiner ausgeprägten Handschrift Kalligraphien wirft. Der Sohn eines Tierarztes und Schlachthofdirektors hat ein poetisches Naturell, das sich unter anderem darin ausdrückt, daß er bei Haffmanns »Die Rübe«, ein Magazin für kulinarische Literatur, herausgibt. Und von den Gelagen im »Postillion«, mit denen niedrige Honorare kompensiert werden, wird Sagenhaftes berichtet.

Vincent Klink ist, obwohl in Gießen geboren, Schwabe, aber einer von der seltenen genußvoll barocken Sorte. Das heißt für ihn: bodenständig und klar kochen und die traditionelle Küche kräftig durchlüften. Wobei er dann häufig feststellt, daß das Neue oftmals das ganz Alte, durch Notzeiten, tägliche Routine und Schlamperei Verschüttete ist. Natürlich verarbeitet er Kutteln und Kalbskopf, Schweinebacke und übriggebliebene Wecken, wie eine normale schwäbische Hausfrau auch, schließlich erweist sich gute Küche nicht nur im Umgang mit Hummer und Filet. Aber lesen wir selbst, was man als sein Küchencredo deuten könnte:

»Es handelt sich um eine Küche, die in Italien und bei den Bauern in Frankreich seit eh und je üblich war und zum Teil auch im Deutschland vergangener Tage auf die Teller gelangte. So zeigt sich seit einiger Zeit in den deutschen Restaurants eine neue Tendenz. Fleisch ist nicht mehr so gefragt, mit einem Zweihundertgrammsteak kann man jeden Feinschmecker verjagen. Frisches, auf den Punkt gekochtes Gemüse und etwas Fleisch von der feinsten Sorte bestimmen den gedeckten Tisch im guten Restaurant.

Als die Omas noch kochten, gab's nicht unbedingt jeden Tag Fleisch wie heutzutage, wo man glaubt, ohne tägliches Schnitzel drohe der soziale Abstieg. Dabei wäre es wirklich epikuräischer Luxus, sich ein- bis zweimal in der Woche bestes Fleisch und nicht jeden Tag ein Plastikkotelett einzuverleiben.« *(Aus: Die Rübe II, Haffmanns Verlag)*

Dem ist nichts hinzuzufügen.

DAS MENÜ

......

WARM GERÄUCH-
TER KARPFEN
AUF SAUERKRAUT

......

MIT
PFIFFERLINGEN
GEFÜLLTE
KALBSHAXE

......

WEINTRAUBEN-
LEMBERGERGELEE
MIT CHAUDEAU-
SAUCE

......

WARM GERÄUCHTER KARPFEN AUF SAUERKRAUT

FÜR 4 PORTIONEN
2 Karpfenfilets
6 gestoßene Korianderkörner
Räuchermehl
flüssige Butter
½ Bund Schnittlauch
Salz und Pfeffer

Für das Sauerkraut:
500 g Sauerkraut
1 TL Kümmel (über Nacht in Wasser eingeweicht)
2 Schalotten
50 g Butter
etwas Weißwein
Salz und Pfeffer

1 *Die Karpfenfilets halbieren, mit Pfeffer, Salz und Koriander würzen.*

2 *Die Filetteile auf den Rost des Räucherofens legen, den Boden des Räucherofens mit dem Räuchermehl bestreuen, das Tropfblech darüberlegen.*

3 *Den Rost mit den Filets hineinstellen und gut verschließen. Den Ofen für ca. 1 Minute bei mittlerer Flamme auf den Herd stellen, dann vom Herd nehmen. Deckel jedoch noch nicht entfernen.*

4 *Die Schalotten würfeln und in ein wenig Butter andünsten. Dann Sauerkraut und Kümmel dazugeben, mit wenig Weißwein ablöschen und ca. 4 – 5 Minuten dünsten lassen. Mit Pfeffer und Salz würzen und zum Schluß die Butter unterheben.*

5 *Die Filets aus dem Ofen nehmen, auf eine Metallplatte legen und mit etwas flüssiger Butter bestreichen. Dann in den Grill geben und ca. 1 – 2 Minuten garen.*

6 *Das Sauerkraut auf die Teller geben, die Fischfilets anlegen und mit Schnittlauch bestreuen.*

Angler wissen längst, wie leicht das Selbsträuchern und wie schmackhaft das Ergebnis ist. Einfache Räucheröfen und das dazugehörige Räuchermehl gibt es in jedem Fachgeschäft für Anglerbedarf. Nicht nur Fisch gelingt so vorzüglich – versuchen Sie es einmal mit einem Stück von Ente oder Gans.

MIT PFIFFERLINGEN GEFÜLLTE KALBSHAXE

FÜR 4 PORTIONEN
1 Kalbshaxe (lassen
Sie sich den Knochen
der Kalbshaxe vom
Fleischer auslösen und
der Länge nach
durchsägen!)
4 große Kohlblätter
1 l Brühe
¼ l Rotwein
50 g Semmelbrösel
1 Bund Suppengrün
1 Knoblauchzehe
1 Thymiansträußchen
Speisestärke
Salz, Pfeffer

Für die Füllung:
200 g Pfifferlinge
1 Toastbrot
¼ l Milch
4 Eier
50 g Speck
4 Schalotten
1 Bund glatte Petersilie
1 Knoblauchzehe
1 Thymianzweig
Muskat
Pfeffer, Salz

1 *Vom Toastbrot die Rinde abschneiden und den Rest würfeln. Die Milch zum Kochen bringen, über die Brotwürfel gießen und diese zugedeckt quellen lassen. Die Schalotten würfeln und mit etwas Butter leicht anschwitzen, den Speck würfeln und dazugeben. Den zerdrückten Knoblauch und die gereinigten Pilze hineingeben und leicht andünsten.*

2 *Die Eier verschlagen und unter die eingeweichte Brotmasse geben, die gedünsteten Pilze mit gehackter Petersilie, Muskat, Pfeffer und Salz würzen und mit der Brot-Ei-Masse vermengen.*

3 *Die Kalbshaxe mit Pfeffer und Salz gut würzen. In die Höhle einen guten Teil der Füllmasse geben, das Ganze mit Kohlblättern umwickeln und mit Küchenschnur verschnüren.*

4 *Etwas Butter in einem Bräter zerfließen lassen, dann die Kalbshaxe hineinlegen – nicht anbraten – und in den auf 180 Grad vorgeheizten Ofen stellen. Nicht abdecken. Von nun an immer wieder leicht mit Brühe übergießen, um ein Anbrennen und Austrocknen zu verhindern.*

5 *Die Knochenteile mit Salz und Pfeffer würzen, Thymianblättchen draufstreuen, mit Semmelbrösel abdecken. Die Hälften aufeinanderlegen und verschnüren. Nach 1 Stunde Garzeit der Kalbshaxe die so vorbereiteten Knochen ebenfalls in den Bräter geben.*

6 *Nach weiteren 40 Minuten das in gefällige Stücke geschnittene und geputzte Suppengrün sowie den Knoblauch dazugeben. Aus der restlichen Füllmasse mit Hilfe von 2 Eßlöffeln Knödel formen. Ebenfalls in den Bräter geben, 20 Minuten garen lassen. Die Haxe herausnehmen. Den Bratfond nach Belieben mit etwas Speisestärke andicken und mit dem Röstgemüse auf die Teller geben. Die Haxe in Scheiben schneiden und darauf plazieren. Die Knochen auseinanderklappen, das Knochenmark herausheben und dazulegen. Die Knödel herausheben, auf die Teller geben und mit Petersilie garnieren.*

WEINTRAUBEN-LEMBERGER-GELEE MIT CHAUDEAU-SAUCE

FÜR 4 PORTIONEN
300 g Weintrauben
½ l Lemberger
230 g Zucker
1 Vanilleschote
4 cl Trester
5 Blatt Gelatine

Für die Chaudeau-
Sauce:
2 Eigelb
1 Ei
1 EL Kirschwasser
⅛ l Weißwein
1 EL Zucker
2 EL Zitronensaft
1 EL geröstete
Mandelblätter

1 *Die Vanilleschote durchschneiden, das Mark herausschaben und mit Zucker und Lemberger zusammen aufkochen und abkühlen lassen.*

2 *Gelatine 5 Minuten in kaltem Wasser einweichen, danach in das lauwarme Wein-Zucker-Gemisch geben und bis zum Auflösen rühren. Zum Schluß den Trester dazugeben.*

3 *In kleine Auflaufförmchen soviel von der Masse gießen, daß gerade der Boden bedeckt ist, und erkalten lassen.*

4 *Die Weintrauben schälen, evtl. entkernen und eine Schicht in die Förmchen legen. Mit Geleemasse angießen – erkalten lassen. Diesen Vorgang wiederholen, dann einige Stunden kalt stellen, bis die Gelatine angezogen hat.*

5 *Für die Sauce Eigelb, Ei und Zucker erst kalt, dann über dem Wasserbad gut aufschlagen. Wein, Kirschwasser und Zitronensaft dazugeben und alles im Eisbad kalt schlagen. Dann kühl stellen.*

6 *Die Förmchen kurz in warmes Wasser tauchen, dann auf Dessertteller stürzen. Mit Trauben garnieren, Chaudeau-Sauce angießen und Mandelblättchen darüberstreuen.*

Wenn Ihnen das Schälen und Entkernen der Weintrauben zu mühselig ist, probieren Sie das Rezept mal mit Stachelbeeren, deren Saison ja leider nur sehr kurz ist. Auch Rhabarber schmeckt sehr gut in diesem Nachtisch oder entsteinte Kirschen. Und für das Gelee können Sie natürlich auch einen anderen gehaltvollen Rotwein nehmen.

TIPS RUND UM DEN TISCH

Vincent Klink wählte für seinen Tisch ein Porzellan von *Hutschenreuther*, Besteck von *WMF* und Gläser von *Zwiesel*.

Sicher wäre es übertrieben, schenkte man dem Gefäß, aus dem man trinkt, mehr Aufmerksamkeit als dem Getränk selbst; aber unbestritten hat das Glas neben der ästhetischen auch eine geschmackliche Funktion. Wertvolle Weine sollte man aus langstieligen Gläsern trinken, damit nicht etwa Seifen- oder Parfümduft von der Hand den Wein beeinträchtigt. Weißweingläser haben kleine Kelche, damit der Wein im Glas nicht zu warm wird. Kostbare Süßweine (z. B. Eis-

wein) trinkt man aus noch kleineren Gläsern. Rotweingläser gibt es auch in mindestens zwei Größen: Das bauchigere ist für schwere Tropfen aus der Burgunderfamilie. Die große Oberfläche entfaltet das Bouquet ideal. Bordeaux trinkt man aus einem etwas kleineren Glas. Bei ausgestellten Gläsern öffnet sich der

Mundrand nach außen – der Wein fließt in breitem Strom auf die Zunge. Duft und Geschmack entfalten sich besonders gut. Eingezogene Mundränder führen den Wein in schmalem Strom auf die Zunge – die fruchtigen Anteile trockener und halbtrockener Weine kommen so optimal zur Geltung.

Die schwäbische Küche ist wohlschmeckend, aber nicht reich, das hängt sicher auch mit der pietistischen, eher genußfeindlichen Tradition des Landes zusammen. Bekennt der Badener seine Lust am Leben und Genießen ungeniert und offen, so scheint sich der Schwabe weltlicher Wonnen immer ein wenig zu schämen. Anderswo wird seine Vernunft in wirtschaftlichen Fragen als Geiz getadelt, wo der Schwabe doch nur vorsichtig haushält. Ein Beispiel für dieses Haushalten finden wir auch in unserem Menü: die Vorliebe des Schwaben fürs Füllen.

Ob Kalbsbrust oder Schweinebauch – gefüllt ergeben auch nicht so hochwertige Stücke einen ordentlichen Sonntagsbraten.

Das Füllen gibt dem Fleisch Saft und Aroma und ist eine sehr alte Methode, geringe Fleischvorräte zu strecken.

VORSPEISE
Zum kräftig geräucherten Karpfen mit Sauerkraut paßt am besten ein schön gezapftes Bier.

HAUPTGERICHT
Hier einmal zu weißem Fleisch ein Rotwein, weil die Kalbshaxe mit der würzigen Pilzfüllung nach einem kräftigen Tropfen verlangt. Vincent Klink empfiehlt einen Württemberger Lemberger, einen »Hebsacker Lichtenberg«, ein gerbstoffreicher trockener Rotwein mit kräftiger Farbe vom Gut Ellwanger in Winterbach.

NACHTISCH
Zum Nachtisch paßt ein Württemberger Riesling, trocken, aber mit ausgeglichener Säure und schönem Duft: »Stettener Wartbühl« von Karl Haidle in Stetten.

LOTHAR EIERMANN
WALD- UND SCHLOSSHOTEL
FRIEDRICHSRUHE

Wo immer es im Hohenloher Land bergauf geht, endet der Weg an einer Burg, sagt man. Ob Jagsthausen, die Burg, wo Götz von Berlichingen seinen berühmten Gruß entbot, oder Schloß Friedrichsruhe – die Täler von Jagst und Kocher werden beherrscht von Schlössern und Burgen. Hier entstand mit dem »Wald- und Schloßhotel Friedrichsruhe« eines der schönsten und elegantesten deutschen Landhotels. Das ehemalige Jagdschloß des Fürsten Johann Friedrich zu Hohenlohe-Öhringen wurde 1712 als Sommerresidenz erbaut. Es liegt in einem drei Hektar großen Park mit herrlichem Baumbestand. Lothar Eiermann arbeitet hier seit 1973 in der seltenen Kombination von Koch und Hotelchef. Und er war einer der ersten, die gleich zu Beginn seiner Karriere in einem deutschen Hotelrestaurant mit damals 90 Betten und 100 Sitzplätzen die Küche konsequent nach den Regeln der »nouvelle cuisine« umstellte. Dabei

empfand er seinen Arbeitsplatz eher als Restaurant mit Zimmern als ein Hotel mit Restaurant, und er erwirtschaftete drei Viertel des Umsatzes mit dem Restaurant.

Der Badener aus gutem Hause begann 1959 seine berufliche Laufbahn mit einer Lehre im Schwarzwald. Dann ging es – fast möchte man sagen natürlich – in die Schweiz, damals noch ein Nabel der gastronomischen Welt. Zürich, Lausanne und Montreux waren die Stationen, bevor er 1968 in der kulinarischen Adresse der fünfziger und sechziger Jahre anfing, dem »Erbprinz«in Ettlingen.

In den Jahren 1970 und 1972 durchlief er die Hotelfachschule und legte die Küchenmeisterprüfung ab, bevor er für einige Zeit als Trainee nach England ging. Lothar Eiermann hält wenig von der überzogenen »Erlebnisgastronomie« einiger Kollegen, die am liebsten auch noch

einen Feuerschlucker zum Flambieren beschäftigen würden. Man findet ihn auch nicht beim ständig rotierenden Wanderzirkus der Köche, die beinahe mehr an fremden Herden als an den eigenen stehen. Wenngleich man einräumen muß, daß das rege Reisen die große Kochkunst auch in entlegene Ecken des Landes trägt und Menschen erreicht, die die Spitzengastronomie noch nicht kennengelernt haben.

Lothar Eiermann, der eigentlich Arzt hätte werden wollen, kommt spürbar aus der großen klassischen Küche, die aber bei ihm jede Schwere verloren hat. Auch er hat sich schon früh dem zugewandt, was man die »Neue Deutsche Küche« nennt, und daß er natürlich auch Produkte aus der Region verarbeitet, ist für ihn selbstverständlich: Ob es sich dabei um das Wild aus der Hohenlohischen Jagd handelt oder den Wein aus eigener Erzeugung, das Gemüse, das ihm die Bauern aus der Umgebung liefern, oder die Süßwasserfische aus fränkischen Gewässern.

DAS MENÜ

......

KALBSLEBER-
WÜRFEL MIT
BASILIKUM
AN AUBERGINEN
UND ZUCCHINI

......

HOHENLOHER
TÄUBCHEN IN DER
EIGENEN SAUCE
GESCHMORT MIT
BUNTEN RÜBCHEN
UND SERVIETTEN-
KNÖDEL

......

QUARKMAUL-
TASCHEN MIT
MARINIERTEN
HIMBEEREN AN
MOHN-HALBGE-
FRORENEM

......

KALBSLEBERWÜRFEL MIT BASILIKUM

FÜR 4 PORTIONEN
400 g Kalbsleber
Mehl
Butter

Für die Perlzwiebeln:
16 Perlzwiebeln
30 g Zucker
¼ l Rotwein
¼ l Portwein
1 Thymianzweig

Für die Basilikumsauce:
16 Blatt Basilikum
1 Schalotte
1 TL Nußöl
400 ml braunen Kalbsfond
20 g Butter
2 cl Portwein

Für die Auberginen und Zucchini:
1 Aubergine
1 Zucchini
2 Tomaten
Knoblauch
Öl
Pfeffer und Salz

1 *Die Perlzwiebeln schälen und dann mit dem Zucker, Rotwein und Portwein sowie dem Thymian in einem Topf aufkochen lassen. Danach mit Pergamentpapier abdekken, damit die Flüssigkeit verdunsten kann, sich aber keine Haut bildet, und bei 250 Grad im Ofen 45 Minuten garen lassen (beim Erreichen des Garpunktes soll die Flüssigkeit ganz reduziert sein und die Zwiebelchen rot und glitschig).*

2 *Für die Basilikumsauce 1 Schalotte würfeln und im Nußöl anschwitzen, mit dem Portwein ablöschen. Den Kalbsfond aufgießen, die Stengel der Basilikumblätter zugeben und die Flüssigkeit um ⅓ reduzieren.*

3 *Auberginen und Zucchini waschen und in 3 mm dicke Scheiben schneiden. Die Tomaten einritzen und den Strunk entfernen, mit kochendem Wasser überbrühen, in Eiswasser abschrecken, häuten und ebenfalls in 3 mm dünne Scheiben schneiden. Eine Grillpfanne mit Knoblauch ausreiben, mit Öl auspinseln, Auberginen und Zucchinischeiben auflegen, zum Schluß die Tomaten, dann alles mit Salz würzen und von beiden Seiten grillen.*

4 *Die oberste Schicht der inzwischen eingekochten Basilikumsauce mit einer kleinen Kelle abschöpfen. Dann die Sauce durch ein feines Sieb passieren, mit der Butter aufrühren und zum Schluß die in Streifen geschnittenen Basilikumblätter dazugeben. Nun nicht mehr kochen lassen.*

5 *Die Kalbsleber in 1 cm große Stücke schneiden, mehlieren und in geklärter Butter ca. 1 – 1 ½ Minuten braten.*

6 *Auberginen-, Zucchini- und Tomatenscheiben fächerartig auf den Teller legen, die Perlzwiebeln in die Mitte geben und mit dem Sirup der Zwiebeln übergießen. Zuletzt die Kalbsleberwürfel daneben auf einen Basilikumsaucenspiegel geben.*

Lothar Eiermanns gegrillte Gemüsescheiben sind eigentlich eine besonders leichte und elegante Variation eines Klassikers der provencalischen Küche – Ratatouille. Die Auberginen sind im übrigen nicht erst im Gefolge der Gastarbeiter nach Deutschland gekommen – schon unsere Großmütter kannten das schöne dunkelviolette Gemüse und nannten es Eierapfel oder Eierfrucht.

HOHENLOHER TÄUBCHEN MIT BUNTEN RÜBCHEN UND SERVIETTENKNÖDEL

1 Semmeln bzw. Weißbrot würfeln, die Milch erhitzen und darübergeben, kurz ziehen lassen.

2 Bauchspeck und Zwiebel würfeln. Den Speck in einer Pfanne mit etwas Öl auslassen, dann die Zwiebelwürfel dazugeben und anschwitzen.

3 Die Speck- und Zwiebelwürfel auf die Brotmasse geben. Eigelb und Ei verschlagen, die Kräuter dazugeben und mit Salz, Pfeffer und Muskatnuß würzen. Eimasse nun zügig mit der Brotmasse verkneten.

4 Knödelmasse auf ein Stück Frischhaltefolie geben und zu einer Rolle formen. Die Folie soll stramm anliegen. Vorne und hinten abbinden und zuknoten und die Knödelrolle in kochendes Salzwasser geben. Dabei mit einem Teller beschweren, damit sie ganz vom Wasser umgeben ist. 20 Minuten ziehen lassen.

1 Die Rote Bete ungeschält in Salzwasser, das mit Kümmel, Essig und Lorbeer gewürzt ist, gar kochen, kalt abschrecken und schälen. Zum Anrichten wird das so vorbereitete Gemüse in wenig Brühe mit Salz und Pfeffer gewürzt und mit frischer Butter verfeinert.

2 Die Karotten waschen, schälen und mundgerecht schneiden. In Salzwasser ankochen und abschrecken. Zum Anrichten wird das so vorbereitete Gemüse in Butter angeschwenkt, mit Salz und Zucker gewürzt und mit Brühe angegossen. Beim Garpunkt sollen die Karotten im eigenen Fond glaciert sein. Mit gehackter Petersilie verfeinern.

3 Die Rübchen waschen, kleinschneiden und anschwitzen. Mit Portwein und Rotwein ablöschen und den Kalbsfond zugeben. Topf abdecken und das Ganze gar schmoren lassen. Beim Garpunkt soll die Flüssigkeit reduziert sein.

4 Die Kohlrabi schälen und zu Halbmonden schneiden. Dann in Salzwasser blanchieren und abschrecken. Zum Anrichten etwas Brühe mit dem Gemüse einkochen, Butter zugeben und alles glacieren lassen, mit Salz und Zucker abschmecken und die geschlagene Sahne vorsichtig unterheben.

1 Die gerupften und geputzten Täubchen werden in Form gebracht (d. h. mit einer Nadel und Garn durch die Schenkel stechen, über die Flügel durch den Hals und wieder zum Schenkel und mit zwei Knoten fest zusammenziehen). Öl in einer Pfanne erhitzen. Die Täubchen von außen und innen mit Pfeffer und Salz einreiben und dann im Öl von allen Seiten anbraten.

2 Die Schalotten würfeln, die Tomate schälen und entkernen.

3 Die angebratenen Tauben aus der Pfanne nehmen, Schalotten, Tomate, Thymianzweig, Trüffelschalen und Trüffelfond und den stark eingekochten Geflügelfond in dem Bratensatz anschwitzen, mit ⅔ des Rotweins und Geflügelfond ablöschen und zur Hälfte einkochen lassen.

4 Die Täubchen in die reduzierte Sauce legen (am besten auf den Rücken) und im Ofen bei 220 Grad unabgedeckt ca. 15 Minuten schmoren. Mehrmals übergießen.

5 Die Täubchen aus dem Ofen nehmen, tranchieren und warmstellen.

6 Die Sauce durch ein Sieb passieren, den restlichen Rotwein dazugeben und mit Butter aufrühren.

1. Bereiten Sie die Serviettenknödel bis zum Einlegen ins Wasser vor.
2. Kochen Sie die Rote Bete, blanchieren Sie Möhren und Kohlrabi und schmoren Sie die weißen Rübchen.
3. Bereiten Sie das Röstgemüse vor.
4. Jetzt können Sie die Knödel einlegen. Braten Sie dann das Täubchen und vollenden Sie das Gemüse – dann haben Sie alles zur Zeit auf dem Tisch.

Beachten Sie diese Reihenfolge der Arbeitsschritte, damit es Ihnen nicht passiert, daß beim Servieren die Beilagen oder die Täubchen schon kalt sind.

QUARKMAULTASCHEN AN MOHN-HALBGEFRORENEM

FÜR 4 PORTIONEN

Für den Teig:
100 g Mehl
1 Ei
1 TL Öl
15 g Zucker
abgeriebene Schale
¼ Zitrone
Salz

Für das Mohn-Halbgefrorene:
3 Eigelb
25 g Zucker
10 g Bienenhonig
10 g gemahlener Mohn
¼ Vanilleschote
150 g geschlagene Sahne

Für die Füllung:
125 g Sahnequark
50 g Sauerrahm
2 Eigelb
1 Eiweiß
35 g Mehl
25 g Zucker
abgeriebene Schale
½ Zitrone
1 TL Zitronensaft
Salz

Für die marinierten Himbeeren:
400 g Himbeeren
35 g Zucker
1 TL Zitronensaft
2 cl Himbeergeist

Zum Garnieren:
20 g gemahlener Mohn
40 g Butter
1 EL Zucker
Minzeblätter

1 *Alle Zutaten für den Teig auf einer Arbeitsplatte verkneten, in Klarsichtfolie einschlagen und 2–3 Stunden ruhen lassen.*

2 *Für das Halbgefrorene Eigelb, Zucker und Honig schaumig schlagen. Dann geschlagene Sahne, Mohn und das Mark der Vanilleschote vorsichtig unterheben. Die Masse in Savarin-Förmchen füllen und für 1–2 Stunden in den Gefrierschrank stellen.*

3 *Für die Füllung den Quark in ein Tuch geben und leicht ausdrücken. Dann mit dem Sauerrahm, Eigelb, Salz, Zitronenschale und -saft sowie 10 g Zucker zu einer glatten Masse rühren. Das Eiweiß mit dem restlichen Zucker aufschlagen und vorsichtig unterheben. Zum Schluß das Mehl dazugeben und alles 1 Stunde ruhen lassen.*

4 *Die Hälfte der Himbeeren mit Zitronensaft, Himbeergeist und Zucker pürieren und durch ein Haarsieb passieren.*

5 *Den Teig hauchdünn zu einem länglichen Rechteck von ca. 16 cm Breite ausrollen und mit Eigelb bestreichen, in der Mitte halbieren, so daß man zwei Teigplatten von je 8 cm Breite erhält. Die Quarkmasse in einen Spritzbeutel mit 10er Lochtülle geben und in die Mitte der unteren Hälfte der beiden Teigplatten der Länge nach je einen durchgehenden Streifen spritzen. Die obere Teighälfte über die Quarkmasse schlagen, die Enden fest zusammendrücken. Mit einem runden Holzstab die Ober- und Unterseite des Teiges schräg zusammendrücken, so daß rautenförmige Teigtaschen entstehen, dann die Rauten mit einem gezackten Teigrädchen trennen. In leicht gesalzenes, kochendes Wasser geben und ca. 10 Minuten knapp unter dem Siedepunkt ziehen lassen.*

6 *Butter erhitzen, Mohn und Zucker dazugeben, kurz abschmelzen. Einen Spiegel Himbeerpüree auf jeden Teller geben, einige Tropfen Sauerrahm darauf verteilen und mit einer Nadel verziehen. Das angeschnittene Halbgefrorene daraufgeben. Die Maultaschen anlegen, mit Himbeeren und Minzeblättern garnieren. Zum Schluß etwas Mohnbutter auf die Maultaschen geben.*

Maultaschen einmal anders – diesmal nicht herzhaft mit Fleischbrät, Speck, Zwiebeln und Spinat gefüllt, sondern mit einer delikaten süßen Quarkfüllung.

TIPS RUND UM DEN TISCH

Eine farblich abgestimmte Tischdecke und ein Blumengesteck, in dem sich die Farben des Porzellans wiederfinden, dazu eine hübsche Serviette – schon sieht Ihr Tisch besonders festlich und einladend aus. Dieser Tisch wurde gedeckt mit dem Porzellan *Cheyenne* von *Heinrich V+B*, den Gläsern *Josefine Gold* von *V+B Cristal* und Besteck von *Koch und Bergfeld*.

Richten wir unser Augenmerk nun aber einmal auf das Zubehör, das quasi hinter dem Vorhang, also in der Küche zur Geltung kommt.

Wer einmal das Vergnügen hat, einem wirklichen Künstler am Herd auf die Finger zu schauen – und viele unserer Köche bieten in ihren Häusern regelmäßig Kochkurse an –, der staunt zunächst über die Vielfalt des Kochgeschirrs, mit dem diese Köche hantieren. Was aber braucht der Laie an Töpfen und Pfannen?

Es gibt keine festen Regeln, aus welchem Material die Kochtöpfe bestehen sollten. Jedes Metall hat spezifische Vorzüge und Nachteile: Kupfer ist teuer und pflegeintensiv, Edelstahl ist manchen zu kühl, hat aber wohl die besten Allroundeigenschaften, Gußeisen ist auch pflegebedürftig, aber ideal zum geduldigen Schmoren auf dem Herd oder im Ofen. Schwer genug sollte das Kochgeschirr in jedem Fall sein, damit es einen ordentlichen Kontakt zur Brennstelle gewährleistet und beim Hantieren nicht so leicht verrutschen oder gar vom Herd fallen kann. Eine Grundausrüstung sollte bestehen aus:

Große Pfanne aus Edelstahl oder Gußeisen;
Beschichtete Pfanne für die fettarme Küche und Eierspeisen;
Sauteuse, konischer Stieltopf, Idealgeschirr zum Anschwenken von Gemüse, zum Braten kleiner Fleischportionen, zum Reduzieren von Flüssigkeiten (durch die konische Form bildet sich oben eine größere Oberfläche, die das Hochsteigen der Flüssigkeit und damit ein Überkochen verhindert).

Töpfe verschiedener Größe zum Kochen, Schmoren und Dünsten, zum Anbraten und Fritieren. Eine oder zwei *Stielkasserollen* sollten dabeisein, damit man den Topf beim Hantieren besser festhalten kann. Generell sollten Fleischtöpfe nicht zu groß oder immer gut gefüllt sein, damit nicht so viel von der Schmorflüssigkeit verdunstet.

Die schwäbische Küche, wie überhaupt die Küche in Süddeutschland, fällt auf durch ihre besondere Liebe zu den Innereien, die im Norden der Republik weniger gern gegessen werden. Kutteln, Bries, Hirn und Leber gehören hierzulande zum Küchenalltag. Dazu ist zu sagen, daß die Leber wirklich so gesund ist, wie unsere Mütter immer behauptet haben, denn sie enthält reichlich Vitamine, vor allem A, B1, C und D. Lediglich Menschen mit Gicht sollten sich hier – wie bei anderen Innereien auch – zurückhalten.

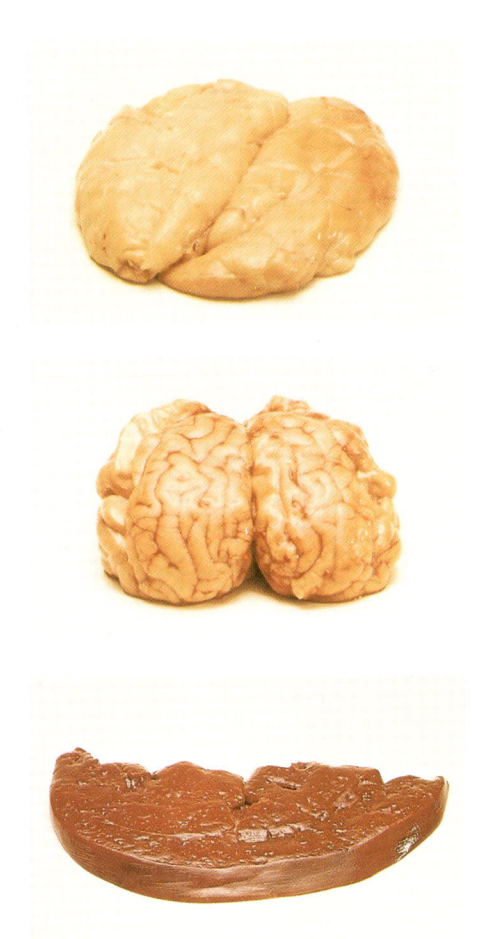

VORSPEISE
Zur Leber serviert Lothar Eiermann natürlich einen Wein aus Württemberg: »Verrenberger Verrenberg«, eine trockenausgebaute Riesling-Spätlese.

HAUPTGERICHT
Das Hohenloher Täubchen wird begleitet von einem trockenen, kräftigen Spätburgunder aus Württemberg, wieder ein »Verrenberger Verrenberg« aus dem Besitz des Fürsten Hohenlohe, dem auch das Schloßhotel gehört.

NACHTISCH
Ein »Verrenberger Verrenberg« Sekt aus der Kerner Traube, einer Neuzüchtung aus Riesling und Trollinger, rundet das Menü zum Nachtisch ab.

ALBERT BOULEY
ROMANTIK HOTEL WALDHORN
RAVENSBURG

Die »Große Ravensburger Handelsgesellschaft« war bis zum Aufkommen der Fugger Süddeutschlands reichste Kaufmanns-Compagnie. Das sieht man der schönen alten Stadt mit ihrer sorgsam restaurierten Innenstadt bis heute an. In einem so traditionell geprägten Umfeld kann es daher nicht verwundern, wenn ein Haus wie das »Waldhorn« seit fünf Generationen im Familienbesitz ist.

Aber soviel Tradition das »Waldhorn« auch ausstrahlt, in der Küche geht es alles andere als herkömmlich zu. Albert Bouley, vom Gault-Millau zum Koch des Jahres 1990 gewählt, ist mit der martialischen Bezeichnung »Kreativitätsmaschine« nicht ganz falsch beschrieben. Wohl nirgends sonst in deutschen Küchen werden so phantasievoll die unterschiedlichsten Nationalküchen miteinander kombiniert. Und was dabei entsteht, ist eine ganz neue, völlig eigenständige, sagen wir, »Weltküche«. Albert Bouley selbst schreibt in seinem Kochbuch »Kochen mit Phantasie«:

»Mein Repertoire umfaßt die verschiedensten Kochstile: Von der Neuen Deutschen Küche über die italienische, die französische bis hin zu der asiatischen Küche. Es werden Produkte verwendet, die aus den unterschiedlichsten Ecken dieser Welt kommen. Und dies einfach deswegen, weil mich alles interessiert, was gut schmeckt und zum Kochen taugt.«

Seiner ungebremsten Experimentierlust verdanken dann Köstlichkeiten wie »Geschmälzte Kalbsbriesnüßchen in Limettenbrioche mit Tempura von Okra« ihre Existenz oder »Schwarzwurzeln mit Ochsenschwanzragout im japanischen Lack«.

Aber ebenso wie die Zutaten sind die Methoden der Zubereitung, besonders unter gesundheitlichen Aspekten, von großer Wichtigkeit für die phantasievolle Küche des Albert Bouley. So schätzt er ganz besonders das Dampfgaren, über das er auch schon ein Kochbuch geschrieben hat. In seiner Küche hat er sieben Dampfdrucktöpfe in verschiedenen Größen in Gebrauch. So gart er Fisch zum Beispiel gern in einem gewürzten Dampfbad: es spart Zeit, schont die Vitamine, laugt die Lebensmittel nicht aus und geht ganz ohne Fett.

Nur in einer Beziehung denkt Albert Bouley ganz traditionell – daß nämlich eine nennenswerte Küche nur mit allerfrischesten Zutaten möglich ist.

»Wer optimale Kochergebnisse erzielen will, sollte Naturprodukte verwenden, wenn sie Saison haben, denn dann sind sie am besten. Es werden inzwischen viele Produkte rund ums Jahr angeboten. Entweder kommen sie aus fernen Ländern und haben eine lange Reise hinter sich, oder sie sind gezüchtet. Ein Spinatsalat beispielsweise sollte sehr frisch und aromatisch sein. Das aber ist nur mit Freilandware möglich, das heißt von Mai bis August.«

DAS MENÜ

......

SÜLZE VON KALBSKOPF UND KALBSKUTTELN MIT KALT GERÜHRTEM EI

......

MAULTASCHEN VON DER BODENSEELACHS-FORELLE MIT SHIITAKE-PILZEN

......

GLACIERTE BODENSEE-KIRSCHEN MIT RAHM UND MANDEL-KROKANT-FÄCHERN

......

SÜLZE VON KALBSKOPF UND KALBSKUTTELN

FÜR 4 PORTIONEN
300 g ausgelösten Kalbskopf
200 g Kalbskutteln
Essig
100 ml Weißwein

Für das Gelee:
½ l Kalbsfond
1 Knoblauchzehe
1 TL Senfkörner
½ Lorbeerblatt
1 Nelke
1 TL Piment
1 Bund Estragon
1 Bund Kerbel
ca. 6 Blatt Gelatine
Pfeffer, Salz

Für die Gemüseeinlage:
1 Möhre
1 Kohlrabi
1 Stange Lauch

Für die Sauce:
2 Eigelb
2 4-Minuten-Eier
Öl
1 Bund Schnittlauch
Pfeffer, Salz

Als Beilage:
Feldsalat

1 *Den ausgelösten Kalbskopf in einem Druckkochtopf mit Wasser, Wein und Essig sowie Salz und Pfeffer ca. 20 Minuten auf Stufe 1 garen.*

2 *Die Kutteln in einem offenen Topf mit den gleichen Zutaten wie den Kalbskopf ca. 15 Minuten garen.*

3 *Die Möhre und den Kohlrabi in kleine Würfel oder schmale lange Streifen schneiden, zusammen in einem Druckkochtopf 1 – 1½ Minuten garen. Den Lauch in Bändern lassen und in kochendem Wasser ½ Minute blanchieren, dann in Eiswasser abschrecken.*

4 *Den Kalbsfond mit den für das Gelee vorgesehenen Gemüsen und Kräutern ca. 10 Minuten kochen und passieren. Mit der kalt eingeweichten, gut ausgedrückten Gelatine verrühren (Geliertest: Tropfen des Fonds auf einen Teller geben, kurz kalt stellen, Festigkeit prüfen), mit Pfeffer und Salz würzen.*

5 *Die 4-Minuten-Eier hacken, mit Eigelb, Öl und geschnittenem Schnittlauch verrühren und mit Pfeffer und Salz würzen.*

6 *Die Kutteln aus dem Topf nehmen, abkühlen lassen und zu Würfeln oder länglichen Zotten schneiden. Mit dem Kalbskopf ebenso verfahren.*

7 *Das gare Gemüse kurz in kaltem Wasser abschrecken. Dann eine Terrinenform mit Klarsichtfolie auslegen, die Porreebänder so hineinlegen, daß sie reichlich über die Kanten lappen. Danach in folgender Reihenfolge einschichten: Gemüse und Gelee, Kalbskopf und Gelee, Gemüse und Gelee, Kutteln und Gelee, Gemüse und Gelee.*

8 *Überhängende Lauchbänder umschlagen und zuschneiden, alles mit Folie abdecken und ca. 6 Stunden kalt stellen.*

9 *Mit der Eiersauce und dem Feldsalat anrichten!*

Albert Bouley hat in seiner Küche sieben Dampfdrucktöpfe in verschiedenen Größen im Gebrauch. So gart er Fisch zum Beispiel gern in einem gewürzten Dampfbad: es spart Zeit, schont die Vitamine, laugt die Lebensmittel nicht aus und geht ganz ohne Fett.

MAULTASCHEN VON DER BODENSEELACHSFORELLE

FÜR 4 PORTIONEN
150 g Lachsforellenfilet
100 g Sahne
Salz
1 Msp. gemahlenen Koriander
1 Msp. gemahlenen Salbei
1 Msp. Cayennepfeffer

Für den Teig:
100 g Mehl
1 Ei
3 – 4 EL Öl
Salz
Eigelb zum Bestreichen

Für die Beilage:
200 g Shiitake-Pilze
1 Schalotte
1 Bund Schnittlauch
0,1 l Sherry
0,3 l Geflügelfond
Butter
Salz

Zum Garnieren:
frischen Koriander

1 *Mehl, Ei, Öl, Salz zu einem Teig verkneten und mit Folie abgedeckt 2 Stunden ruhen lassen.*

2 *Das Lachsforellenfilet in kleine Würfel schneiden.*

3 *100 g davon in einen Mixer geben, Sahne, etwas Salz dazugeben und kurz pürieren (wenn man zu lange püriert, kann die Masse gerinnen). Diese Masse anschließend durch ein Sieb streichen, mit Cayenne, Salbei und Koriander würzen. Dann die restlichen Fischwürfel (50 g) vorsichtig unterheben.*

4 *Den Maultaschenteig sehr dünn zu einem langgezogenen Rechteck ausrollen. Mit Eigelb bestreichen. Dann ein schmales, gleichmäßiges Band der Fischmasse in die Mitte geben. Mit Hilfe einer Palette den Teig über die Füllung schlagen, die Teigränder fest zusammendrücken. Mit einem Holzstab die Maultaschen rautenförmig der Länge nach abdrücken und mit einem Messer oder Teigrädchen trennen.*

5 *Die Maultaschen in siedendes Wasser geben, 4 – 5 Minuten ziehen lassen.*

6 *Die Schalotte würfeln und in Butter anschwitzen. Die Pilze in feine Streifen schneiden und dazugeben. Mit Geflügelfond ablöschen, mit Sherry und Salz würzen.*

7 *Ein Bett von Pilzen auf jeden Teller geben, die Maultaschen darauflegen, etwas Pilzfond angießen und mit Korianderblättern garnieren.*

Vergleichen Sie die Phasenfotos auf S. 78. Der einzige Unterschied ist, daß die Füllmasse wegen der Fischwürfel nicht mit der Spritztüte aufgetragen wird.

GLACIERTE BODENSEEKIRSCHEN

FÜR 4 PORTIONEN
400 g Kirschen
60 ml Kirschsaft
1 cl Kirschwasser
Vanillezucker
40 ml Läuterzucker
1 Blatt Gelatine

Für den Krokant:
100 g gehobelte
Mandeln
200 g Zucker
20 g Butter
Öl

Zum Anrichten:
100 g Sauerrahm und
Zitronenmelisse

1 *Die Kirschen entsteinen und mit dem Kirschsaft, Kirschwasser, Läuterzucker und Vanillezucker kurz aufkochen.*

2 *Die Butter in einer Pfanne erhitzen, den Zucker dazugeben und leicht braun werden lassen. Dann die Mandeln unterheben.*

3 *Diese Masse auf einem geölten Marmorbrett mit einer geölten Walze möglichst dünn ausrollen oder mit einer geölten Palette flach aufstreichen. Abkühlen lassen, kurz vor dem totalen Erkalten in tortengleiche Ecken schneiden.*

4 *Die Kirschen in ein Sieb geben, den Fond auffangen und mit der kalt eingeweichten Gelatine verrühren. Dann die Kirschen wieder dazugeben.*

5 *Die Kirschen auf den Tellern verteilen, in die Mitte jeweils einen Klacks Rahm setzen, die Krokantblätter fächerartig daraufsetzen und mit Zitronenmelisse garnieren.*

Nichts geht selbstverständlich über frische Zutaten, möglichst direkt aus dem Garten. Hat man allerdings kein frisches Obst zur Hand, kann man natürlich auch einmal auf Tiefkühlware zurückgreifen, schließlich werden hierfür nur ganz einwandfreie Früchte verwendet.

TIPS RUND UM DEN TISCH

Zarte Obst- oder Blumenmotive im Porzellan kommen besonders gut zur Geltung, wenn sich eine der Farben im Tischtuch wiederfindet. Einen zusätzlichen harmonischen Effekt erzielen Sie, wenn Sie ein ebenfalls farblich abgestimmtes Blumengesteck auf dem Tisch plazieren.

Das hier abgebildete Porzellan stammt von *Wedgewood*, die Gläser von *Zwiesel* und das Besteck von *Wilkens*.

Bekanntermaßen schwört jeder Koch auf sein Handwerkszeug und jeder hat da ganz eigene Gewohnheiten. In der heimatlichen Küche ist man natürlich

meistens räumlich eingeschränkt. Da sollte man sich schon gut überlegen, welche Dinge man als Hobbykoch wirklich braucht. Eine gute Grundausstattung umfaßt folgendes:
Messer
Wichtig ist, daß die Messer immer scharf sind, damit das Schneidgut zerschnitten und nicht zerquetscht oder zerrissen wird.

Küchen- oder Tourniermesser zum Putzen und Tournieren von Gemüse.
Messer mit biegsamer Klinge zum Filieren und Tranchieren von Fleisch und Fisch.
Kochmesser mit schwerer, breiter Klinge, kann auch als Wiegemesser eingesetzt werden, ersetzt das Küchenbeil.
Wetzstahl, damit die Messer immer scharf bleiben.

Kochlöffel aus Holz verfärben sich zwar, können aber in sehr heißen Pfannen nicht schmelzen;
Große und kleine *Schöpf-* und *Schaumkellen;*
Ein Satz *Metallsiebe, Schneebesen*, möglichst nicht zu klein, mit elastischen Schlaufen.
Schneidbrett aus Holz oder Kunststoff, nicht zu klein.
Backpinsel, Gummispachtel zum Ausschaben von Schüsseln und Töpfen.
Mörser, Gemüsehobel, Knoblauchpresse.

Die sparsamen Schwaben essen alles vom Tier, auch Teile, die anderswo, also etwa nördlich der Mainlinie, gar nicht angeboten werden. Für die Zubereitung der Vorspeise muß man also Kutteln und Kalbskopf beim Fleischer vorbestellen. Die kleine Mühe aber lohnt sich.
Die Lachsforelle steigt – wie der echte Lachs – im Frühjahr die Flüsse hoch, um zu laichen. Ihr leicht rötliches Fleisch enthält deutlich weniger Fett als das des Lachses und ist noch leichter verdaulich.

VORSPEISE
Zu seiner Terrine aus Kalbskopf und -kutteln empfiehlt Albert Bouley einen fruchtig-eleganten Wein vom Bodensee: Gailinger »Schloß Rheinburg«, Weißburgunder, Kabinett, trocken.

HAUPTGERICHT
Zu seiner Maultasche von der Lachsforelle schmeckt ein Riesling aus Baden-Württemberg, ein charaktervoller und vollmundiger »Kleinbottwarer Süßmund« vom Weingut Graf Adelmann.

NACHTISCH
Mit der Säure der Kirschen harmoniert besonders gut ein Rieslingsekt aus der gleichen Lage wie der Wein zum Hauptgericht.

GETRÄNKETIPS

Lange galt die deutsche Küche wenig im eigenen Land. Frankreich war der gastronomische Nabel, da konnten allenfalls noch einige Italiener mithalten, und die jungen Leute entdeckten die Gastarbeiterküche für sich – sie machte satt, schmeckte nicht wie zu Hause und war preiswert.

Eine Ausnahme allerdings gab es immer: Baden. Hier fand man die größte Zusammenballung gastronomischer Auszeichnungen, badische Köche wie Jörg und Dieter Müller revolutionierten die deutsche Küche, und Winzer wie Franz Keller machten die Weinskandale vergessen.

Baden markiert die geographische Mitte zwischen Wien und Paris, und seine Küche hat von dieser Lage prächtig profitiert. Die Nähe zur Schweiz und den alemannischen Nachbarn im Elsaß trug ebenfalls dazu bei, der Küche dieses gesegneten Landstrichs eine Sonderstellung unter den deutschen Regionalküchen einzuräumen.

Das Klima tut ein übriges: Der warme Wind, der durch die Burgundische Pforte vom Mittelmeer ins Rheintal strömt, sorgt dafür, daß hier der Frühling früher einzieht als anderswo. Schwarzwald im Osten und Vogesen im Westen halten kalte Winde ab und sorgen für ein Klima, in dem Wein und Obst (sogar Feigen und Walnüsse wachsen

über einen ordentlichen Bestand an Karpfen und Hechten. Selbst Krebse wurden vereinzelt wieder heimisch.

Nicht zu vergessen die zahlreichen hochprozentigen Wässerchen, die die Badener aus ihrem Obst zu brennen wissen. Im gesamten Schwarzwald gibt es 19 000 Brennereien, 891 Brennrechte allein in dem Städtchen Oberkirch.

Gute Küche, das versteht sich, entsteht da, wo vorzügliche Rohstoffe zur Hand sind, und wer je an einem Samstagmorgen über den Markt von Freiburg geschlendert ist, wer die Freiburger im »Oberkirch« beim traditionellen Verzehr des Ochsenfleischs beobachten durfte, der versteht, warum die badische Küche so einen guten Ruf hat. Hier kommt wirklich alles zusammen: der Wein aus den sieben Weinbauregionen Badens von der Tauber bis zum Bodensee, die vorzüglichen Erzeugnisse aus Feld und Wald, die Kochkunst der Hausfrauen und Gastwirte und vor allem die Bereitschaft der Badener, sich leiblichen Genüssen hinzugeben.

hier) ebenso gedeihen wie Spargel und Erdbeeren. Dazu kommen das Schwarzgeräucherte, Pilze, Wild und Fische aus dem Schwarzwald.

Maisspeicher überall auf den Höfen im Rheintal verweisen auf gutes Geflügel, und die Altrheinarme verfügen mittlerweile wieder

HARALD WOHLFAHRT
KUR- UND SPORTHOTEL TRAUBE-TONBACH
BAIERSBRONN

Was hat Baiersbronn mit Amsterdam zu tun? Ganz einfach: Durch das Murgtal, in dem Baiersbronn liegt, wurden die mächtigen Schwarzwaldtannen zum Rhein geflößt, auf denen dann die Stadt Amsterdam gebaut wurde. Wer kennt nicht den »Holländer Michel« aus Hauffs Märchen »Das kalte Herz«?

Die Arbeit im Wald ist Schwerstarbeit, sie macht hungrig und durstig, und so lag es nahe, für die Waldarbeiter eine Vesperstation einzurichten. Vor 200 Jahren eröffnete die Familie Finkbeiner, gerade zugewandert aus dem Salzburgischen, ein Dorfgasthaus. Und die Gaststube von damals steht immer noch. Das »Kur- und Sporthotel Traube« im Baiersbronner Ortsteil Tonbach ist heute ein gastronomischer Kosmos: Ein Hotel mit 180 Betten und nicht weniger als drei Restaurants, eine Tennishalle, die beinahe im Handumdrehen in einen Ballsaal zu verwandeln ist, Bibliothek, Hauskino, Billard und Tischtennisplatte, ein üppig dimensionierter Bade- und Saunabereich und eine eigene Kapelle machen den Gast nahezu autark.

Herausragend das lückenlose kulinarische Angebot von der Schwarzwälder Vesper in der »Bauernstube«, besagter Keimzelle aus dem 18. Jahrhundert, über regional inspirierte Feinschmeckermenüs in der »Köhlerstube« bis zur kulinarischen Großen Oper in der von Harald Wohlfahrt bekochten »Schwarzwaldstube« – hier bleibt kein Wunsch offen.

Und das von Restaurantchef Heiner Finkbeiner – immer noch ist der Betrieb in Familienbesitz – vorzüglich geführte Personal gibt dem Gast den Vorgeschmack einer besseren Welt, in der alle Menschen nur noch freundlich miteinander

umgehen. Wer hier vom Paradies spricht, macht sich keiner Übertreibung schuldig.

Paradiesisch auch die Kochkunst des Harald Wohlfahrt. Seit Jahren ist ihm alles zuteil geworden, was die kulinarische Welt an Auszeichnungen bereithält, Kochmützen, Bestecke und Sterne, derer ihm der strenge Michelin gleich zwei gegeben hat. Das bedeutet nach dessen Kategorien »eine hervorragende Küche, verdient einen Umweg«. Und der Gault-Millau gibt ihm 19 von bisher nie vergebenen 20 Punkten, die »Höchstnote für die weltbesten Restaurants«. 19,5 Punkte haben nur noch »Tantris« und »Aubergine« in München und die »Schweizer Stuben« in Wertheim. Gleichrangig sind – nach Meinung von Gault-Millau – noch das »Waldhorn« in Ravensburg, »Zur Traube« in Grevenbroich und das »Restaurant Jörg Müller« auf Sylt.

Erfolge, die jeden Koch stolz machen! Aber – wir sind ja nicht in der Bundesliga, und ob man den Unterschied zwischen 19 und 19,5 Punkten wirklich noch schmeckt?

DAS MENÜ

. . . . . .

GEMÜSETERRINE
MIT ZIEGEN-
QUARK UND
PESTO

. . . . . .

MIT
MORCHELN
GEFÜLLTE
POULARDEN-
BRUST MIT
SHERRYSAUCE

. . . . . .

GRIESSAUFLAUF
MIT RUMTOPF-
FRÜCHTEN

. . . . . .

GEMÜSETERRINE MIT ZIEGENQUARK UND PESTO

FÜR 4 PORTIONEN
1 Bund Basilikum
je 100 g Karotten
Zucchini
grünen Spargel
Bohnen
Tomaten
Lauch
10 Mangoldblätter
300 g Ziegenfrischkäse
300 g Butter
Salz und Pfeffer
Öl

Für das Pesto:
4 EL Öl
35 g Pinienkerne
1 Bund Basilikum
5 Knoblauchzehen

Für die Sauce:
5 EL Crème fraîche
5 EL Sahne
2 EL verschiedene
Kräuter: Schnittlauch,
Kerbel, Petersilie
Zitronensaft
Pfeffer
Salz

Zum Garnieren:
Kirschtomaten und
Kerbelzweige

1 Die Zucchini in ca. $^1/_2$ cm breite Längsscheiben schneiden und von beiden Seiten in heißem Öl je 2 Minuten anbraten, dann trockentupfen.

2 Die Tomaten kurz überbrühen, häuten, vierteln und das Kerngehäuse entfernen.

3 Den Spargel schälen, die Köpfe abschneiden und alles ca. 8 Minuten in kochendem Salzwasser blanchieren. In Eiswasser abschrecken. Die Spargelköpfe zum Garnieren beiseite legen.

4 Den Lauch längs durchschneiden, waschen und ca. 2 Minuten in kochendem Salzwasser blanchieren, ebenfalls in Eiswasser abschrecken.

5 Die Bohnen putzen, 6 – 8 Minuten in Salzwasser bißfest garen und ebenfalls abschrecken.

6 Die Karotten schälen, längs in etwa $^1/_2$ cm breite Streifen schneiden und ca. 6 – 8 Minuten bißfest garen, dann in Eiswasser abschrecken.

7 Die Mangoldblätter kurz blanchieren, abschrecken, dann von dem weißen Strunk befreien.

8 Alle Gemüse mit einem Tuch abtrocknen.

9 Für das Pesto Basilikumblätter, geschälte Knoblauchzehen, Pinienkerne und das Olivenöl in einem Mixer pürieren oder im Mörser fein zerreiben.

10 Die Butter schaumig schlagen, den Ziegenquark in einem Tuch gut ausdrükken und zu der Butter geben. Butter und Quark zu einer glatten Masse verrühren, mit 1 EL Pesto, Salz und Pfeffer gut würzen.

11 Die abgetrockneten Mangoldblätter auf Klarsichtfolie auslegen und die Terrinenform damit auskleiden. Die Mangoldblätter müssen an beiden Seiten so weit überhängen, daß sie später die Form schließen können.

12 Quark und mit Pfeffer, Salz und Pesto gewürztes Gemüse immer abwechselnd in die Terrine schichten. Zum Schluß eine Schicht Quark auflegen, die Mangoldblätter und die Folie umschlagen.

13 Die Terrine über Nacht abdecken und mit einem Gewicht gleichmäßig beschwert kühl stellen.

14 Alle Zutaten für die Sauce verrühren und mit Pfeffer, Salz und Zitronensaft abschmecken. Die Hälfte davon im Mixer pürieren.

15 Zum Anrichten zwei große, runde Ausstechformen auf den Teller legen, die beiden Saucen hineingeben, 1 Scheibe Terrine in die Mitte setzen und alles mit Kirschtomaten, Kerbelblättern und den bißfest gegarten Spargelspitzen garnieren.

Pesto ist eine ligurische Spezialität, die dort vor allem zu Teigwaren gegessen wird. Es ist entstanden, so wird erzählt, weil die seefahrenden Genueser auf diese Weise einen Hauch ihrer Kräuterküche mit an Bord nehmen konnten.

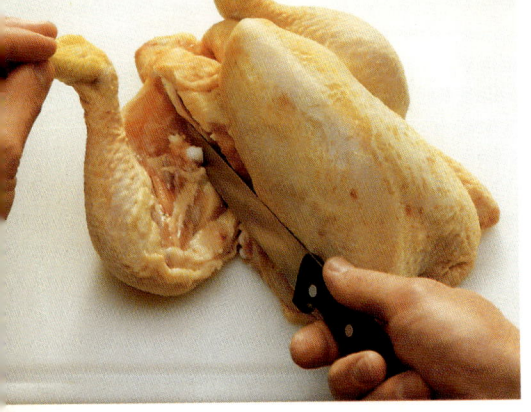

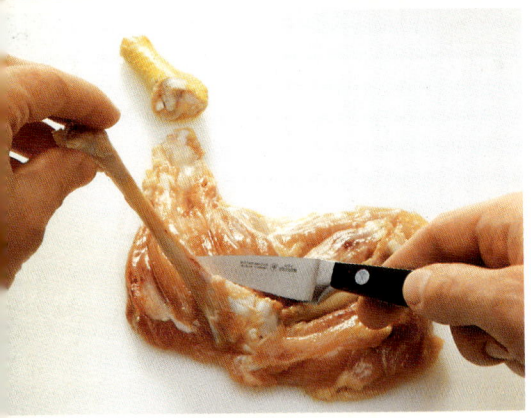

GEFÜLLTE POULARDENBRUST MIT SHERRYSAUCE

FÜR 4 PORTIONEN
1 ganze Poularde
2 Brustfilets
100 g frische Spitz-
morcheln
2 Schalotten
30 g Butter
60 g feine Gemüse-
streifen von Karotten,
Lauch und Sellerie
1 Eiweiß
80 g Sahne
1 EL geschnittenen
Kerbel
Pfeffer, Salz, Öl

Für die Sherrysauce:
Knochen von der
Poularde
50 g Schalotten
30 g Staudensellerie
30 g Karotten
1 Zweig Thymian
1/2 Lorbeerblatt
1 Rosmarinspitze
5 cl Sherry
3 cl Weißwein
3 cl Portwein
0,2 l Geflügelfond
0,1 l Sahne, etwas
davon geschlagen
Pfeffer, Salz

Für die Beilage:
250 g bunte Nudeln
24 weiße Spargel-
spitzen
Butter
Zucker
Salz
Schnittlauch

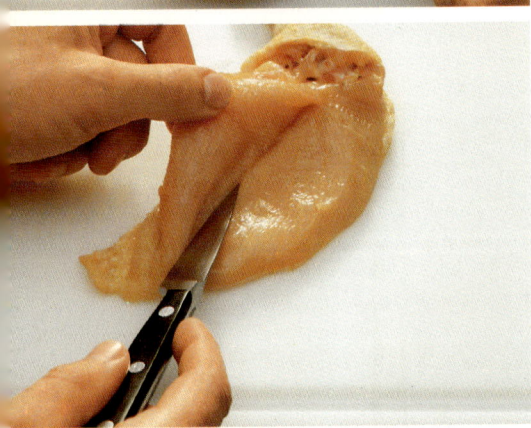

1 *Die Poularde tranchieren: Flügel und Keulen abtrennen, Brustfilets herausschneiden, in die Brustfilets mit einem scharfen Messer Taschen schneiden.*

2 *Füllung: Die Morcheln waschen, abtupfen und in Würfel schneiden. Dann mit den Gemüsestreifen und den fein gewürfelten Schalotten in Butter andünsten, mit Salz und Pfeffer würzen und abkühlen lassen.*

3 *Von einer Keule die Haut abziehen, Fleisch vom Knochen lösen und durch die feine Scheibe des Fleischwolfs drehen. Dann mit Eiweiß und Sahne zu einer Geflügelfarce aufmixen.*

4 *Die Geflügelfarce mit der Gemüse-Morchel-Masse vermengen und mit Salz und Pfeffer würzen, in eine Spritztüte füllen und in die Brustfilettaschen drücken.*

5 *Die Geflügelknochen kleinhacken und in einem Topf anrösten. Dann Sellerie-, Karotten- und Schalottenwürfel und alle Gewürze dazugeben. Mit Sherry, Weißwein und Portwein ablöschen.*

6 *Die Flüssigkeit reduzieren, mit Geflügelfond und Sahne aufgießen und erneut auf etwa die Hälfte der Menge einkochen.*

7 *Alles durch ein Sieb passieren, mit Salz und Pfeffer abschmecken und zum Schluß etwas geschlagene Sahne unterziehen.*

8 *Die Brustfilets salzen und pfeffern, in einer Pfanne mit heißem Öl anbraten und in einem auf 210 Grad vorgeheizten Ofen auf jeder Seite je 6–8 Minuten fertig garen.*

9 *Die Nudeln bißfest kochen, abschrekken und kurz in Butter anschwenken.*

10 *Spargelspitzen in Salzwasser kochen, abschrecken und in gezuckerter Butter in der Pfanne glacieren, dann mit Schnittlauchfäden zu Bündelchen wickeln.*

11 *Die Poulardenbrust schräg aufschneiden, auf einem Spiegel der Sherrysauce anrichten, die Nudeln und die Spargelbündchen dazulegen.*

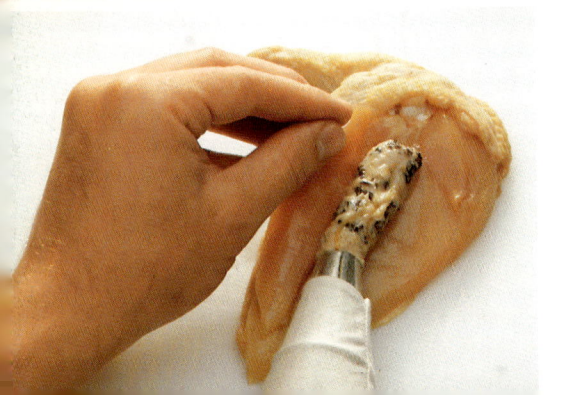

GRIESSAUFLAUF MIT RUMTOPFFRÜCHTEN

FÜR 4 PORTIONEN
⅛ l Milch
½ Vanillestange
25 g Grieß
25 g Butter
2 Eigelb
35 g Zucker
3 Eiweiß
abgeriebene Zitronen-
schale
250 g Rumtopffrüchte

Zum Garnieren:
etwas Puderzucker

1 *Milch, Butter, aufgeschnittene Vanillestange, Grieß und etwas abgeriebene Zitronenschale verrühren und aufkochen lassen.*

2 *Sobald die Masse anzieht, den Topf vom Feuer nehmen, die Vanillestange entfernen und alles etwas abkühlen lassen.*

3 *1 ungeschlagenes Eiweiß sowie die 2 Eigelb unterrühren. Die restlichen Eiweiß mit dem Zucker aufschlagen, die Hälfte davon mit einem Schneebesen unter die lauwarme Masse rühren, die andere Hälfte vorsichtig unterheben.*

4 *4 kleine Förmchen mit Butter ausstreichen und mit Zucker anstreuen. Dann die Grießmasse einfüllen, bis die Förmchen zu ¾ gefüllt sind, in ein Wasserbad (90 Grad) stellen und im vorgeheizten Ofen bei 220 Grad 15 – 20 Minuten garen lassen.*

5 *Die Rumtopffrüchte dekorativ auf den Tellern anrichten, etwas Sud angießen und mit Puderzucker bestäuben. Jeweils einen aus der Form gestürzten Auflauf in die Mitte setzen.*

Einen Rumtopf kann man leicht selbst ansetzen: In einen Steintopf werden das ganze Jahr hindurch ausgesucht gute und einwandfreie Beeren der jeweiligen Saison mit hochprozentigem Rum und Zucker eingeschichtet. Wenn die letzten Beeren hineingegeben wurden, läßt man den Rumtopf noch 2 – 3 Monate gut durchziehen.

TIPS RUND UM DEN TISCH

Dieser in feinen Pastelltönen gehaltene Tisch wurde gedeckt mit einem Porzellan von *Bareuther* und Gläsern der Cristallerie *Zwiesel*. Das Besteck stammt von *C. Mertens*.

Das älteste Besteck ist das Messer. Schon die Höhlenbewohner säbelten sich mit Steinklingen ein Stückchen Bär herunter, wenn sie Hunger hatten. Gegessen aber haben sie, wie bis zum Beginn der Neuzeit in ganz Europa üblich, mit den Fingern. Üblicherweise gab es bei Tisch kleine Fladen, auf die man die breiförmige Nahrung häufte, oder Pfannkuchen, in die – wie bei der Peking-Ente – das Essen eingewickelt wurde. Bratenstücke wurden ohne Umstände mit dem Messer aufgespießt.

Als nächstes kam der Löffel auf den Tisch. Er begann sich im 15. Jahrhundert durchzusetzen. Da brachte jeder seinen eigenen mit, wenn er eingeladen war. Meist war er aus Holz oder aus Zinn. Und schön verziert wurde er und mit einem Monogramm versehen, damit man ihn bei Tisch nicht verwechselte.

Die Gabel ist das jüngste Stück aus der Besteckfamilie. Sie wurde aus dem Bratspieß weiterentwickelt, erhielt zunächst zwei Zinken und diente ausschließlich dazu, das Fleisch beim Tranchieren festzuhalten. Das Zerlegen des Fleisches war eine verantwortungsvolle Aufgabe bei Hof und wurde nur sehr vertrauenswürdigen Herren aus dem Gefolge übertragen, denn einmal mußte man sicher sein, daß sich das Tranchiermesser nicht gegen den Herrn wandte, und weiter war es natürlich wichtig, daß das Fleisch nach Rang und Würden auch richtig verteilt wurde. Truchseß oder Seneschall hießen die Inhaber dieses begehrten Amts, das zum Teil sogar erblich war. Im übrigen galt das Essen mit der Gabel in Deutschland lange Zeit als geziert und als »welsche Manier«.

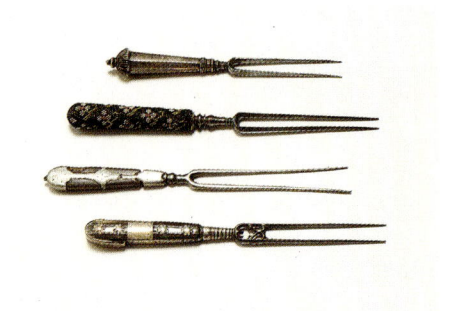

Im klimatisch verwöhnten Baden gedeihen nicht nur Feigen und Walnüsse, man findet zuweilen im Frühjahr auch besonders würzige Pilze, Morcheln, die »bürgerlichen« Cousinen der adligen Trüffel. Sie wachsen von März bis Mai vorzugsweise unter Pappeln und Eschen. Wenn man keine frische Ware bekommen kann, tun es auch getrocknete Pilze. Nur – sehr gründlich waschen muß man sie in jedem Fall, da sich in ihren feinen Lamellen viel Sand sammelt.

Mangold ist in unserer Küche leider selten geworden, um die Jahrhundertwende wurde er vom als feiner geltenden Spinat abgelöst.

Dabei ist er ein besonders vielseitiges Gemüse: Die Stiele lassen sich wie Spargel zubereiten und heißen deshalb in einigen Gegenden auch die »Spargel des kleinen Mannes«. Die grünen oder auch roten Blätter werden zubereitet wie Spinat.

VORSPEISE
Zur Vorspeise serviert Harald Wohlfahrt einen etwas reiferen Riesling aus Durbach. Er hat ein kräftiges Aroma, viel Fülle und ein feines Säurespiel.

HAUPTGERICHT
Hier paßt am besten ein badischer Weißherbst, z. B. ein »Achkarrer Schloßberg«. Eine trockene Spätlese, mit fruchtigem Aroma und rassiger Säure.

NACHTISCH
Handgerüttelter Rieslingsekt vom Winzerkeller Wiesloch ist eine ideale Abrundung dieses Menüs.

GETRÄNKETIPS

WILFRIED SERR ZUM ALDE GOTT BADEN-BADEN

Die »Sommerhauptstadt Europas« war Baden-Baden im 19. Jahrhundert, und hatte zu jener Zeit bei den Reichen und Schönen einen ähnlichen Ruf wie heute Marbella oder die Côte d'Azur. Ob Zar oder Queen Victoria, wer auf sich hielt, lustwandelte in der Stadt an der Oos.

Ziemlich unberührt vom mondänen Treiben blieb Baden-Badens ländliches Umland, das Rebland zum Beispiel. Hier finden sich immer noch deftige Landkneipen in schöner Eintracht mit feinen Freß-Adressen. Im Baden-Badener Ortsteil Neuweier beispielsweise, wo Ilse und Wilfried Serr seit 1978 ein ländliches Feinschmecker-Restaurant betreiben. Sein Name – »Alde Gott« – stammt aus dem etwas weiter südlich gelegenen Blumen- und Weindorf Sasbachwalden und ist eigentlich der Name einer berühmten Weinlage. Und die Namensgebung ist durchaus programmatisch zu verstehen, denn der Patron bemüht sich darum, die große internationale Küche mit der vorzüglichen Küche der Region in Einklang zu bringen, ganz ohne deutschnationale Verbiesterung oder übereifriges Schielen ins Ausland. Wenn auch die Nähe des Elsaß naturgemäß nicht ohne Einfluß auf seine Küche geblieben ist. Er arbeitet gänzlich ohne das Speisekarten-Esperanto, das gelegentlich den Aufenthalt in Spitzenhäusern so anstregend macht. Die Karte ist bewußt klein, somit ist für jeden der höchstens 60 Gäste ein Maximum an Frische und Sorgfalt beim Kochen gewährleistet. Und trotz aller Anrichtekünste huldigen seine Teller nicht dem tiefgefrorenen Charme der modischen Ikebanaküchen mit ihren Bonsaiportionen. Schnörkellos und geradeaus wird hier gekocht, und der resolut-mütterliche Service von Ilse Serr tut ein übriges, daß

man sich in der gemütlichen Gaststube oder – bei schönem Wetter auf der Terrasse – heimisch fühlen kann.

Kochen ist eine anstrengende körperliche Tätigkeit, die Luft in den Küchen ist oft schlecht, gelegentlich ist es ungeheuer warm am Herd, und spät wird es natürlich auch immer. Fast alle Köche klagen über den Streß und die mangelnde Bewegung an frischer Luft. So wundert es nicht, daß so mancher Koch sich zwischendurch aufs Rennrad schwingt, um sich körperlich auszuagieren. Ob der Johann Lafer vom » Val d'or« in Guldental oder Karljosef Fuchs vom »Spielweg« im Münstertal oder Wilfried Serr – alle sehen im Radfahren einen willkommenen Ausgleich.

Bei Serr hat das noch einen angenehmen Nebeneffekt, von dem auch die Gäste profitieren: Er sucht und findet bei seinen Radtouren querfeldein ständig Wildkräuter wie zum Beispiel Bärlauch, den er natürlich sofort in der Küche verarbeitet, oder auch den Blutwurz, aus dem er einen würzigen Digestif macht. Ab und zu geht er auch mit der ganzen Brigade und seiner Familie, zu der inzwischen zwei Kinder gehören, in den Wald auf die Suche nach Wildbeeren, aus denen dann köstliche Nachtische oder Marmeladen bereitet werden.

DAS MENÜ

· · · · · ·

LACHSFORELLEN-
SÜLZE IN
SCHNITTLAUCH-
SAUCE

· · · · · ·

SPANFERKEL-
RÜCKEN
MIT SAUREN
RAHMBLÄTTLE

· · · · · ·

KIRSCHPFANN-
KÜCHLE
MIT HALBGE-
FRORENEM VOM
KIRSCHWASSER

· · · · · ·

LACHSFORELLENSÜLZE IN SCHNITTLAUCHSAUCE

FÜR 4 PORTIONEN
400 g Lachsforellenfilet
250 ml Riesling
250 ml Fischfond
2 hartgekochte Eier
4 Tomaten
1/2 grüne Paprika
1 Zitrone
2 TL grüne Pfeffer-
körner
2 EL gehackte Petersilie

Zum Klären:
1 Eiweiß
40 g Schalotten
20 g Karotten
20 g Sellerie
2 Wacholderbeeren
1 Zweig Liebstöckl
1 Knoblauchzehe
Salz

Für das Gelee:
10 Blatt Gelatine

Für die Schnittlauch-
sauce:
2 Eigelb
1 TL Sherryessig
125 g Distelöl
100 g Crème fraîche
1 Blatt Liebstöckl
1 Bund Pimpinelle
1 EL Petersilie
1 Bund Kerbel
4 Blätter Basilikum
5 Blatt Borretsch
2 Bund Schnittlauch
Pfeffer und Salz

Zum Garnieren:
Salate der Saison und
etwas Tomatenmark

1 *Das Lachsforellenfilet in Würfel schneiden. Den Fischfond mit dem Wein kurz aufkochen lassen, die Filetwürfel dazugeben und kurz ziehen lassen, so daß sie innen noch fast roh sind. Dann aus dem Fond herausnehmen und abtropfen lassen.*

2 *In eine Terrinenform eine Schicht von entkernten, gewürfelten Paprika, geschälten und entkernten Tomaten, gehacktem Ei, Pfefferkörnern, gewürfelter Zitronenfilets sowie gehackter Petersilie geben. Dann eine Schicht der Forellenfilets daraufgeben und so im Wechsel weiter schichten, bis die Terrine gefüllt ist.*

3 *Für das Gelee die Schalotten, Karotten und Sellerie in feine Würfel schneiden, Eiweiß, Kräuter und Gewürze zugeben, kurz durchschlagen und mit dem abgekühlten Fischfond verrühren. In einem Topf langsam erhitzen, ganz leicht aufkochen lassen. Das Eiweiß umschließt die Trübteilchen, stockt und setzt sich nach und nach an der Oberfläche ab. Den darunter liegenden Fischfond vorsichtig durch ein Tuch passieren, die in kaltem Wasser eingeweichte und gut ausgedrückte Gelatine darin lösen und über die Einlage in die Terrinenform gießen, bis die Einlage bedeckt ist. Über Nacht im Kühlschrank fest werden lassen.*

4 *Für die Sauce die 2 Eigelb mit dem Essig und den kleingeschnittenen Kräutern (außer dem Schnittlauch) in einem Mixer pürieren, langsam das Distelöl dazugeben, dann die Crème fraîche unterrühren, mit Salz und Pfeffer abschmecken und zuletzt den kleingeschnittenen Schnittlauch einstreuen.*

5 *Mit Hilfe einer Pergamentpapiertüte, in die ein kleines Loch geschnitten wurde, eine Rosette aus Tomatenmark auf jeden Teller spritzen. Diese mit der Schnittlauchsauce ausgießen, in die Mitte je eine Scheibe von der Sülze setzen und alles mit Salaten der Saison garnieren.*

Sülzen haben leider häufig die unangenehme Eigenschaft, nicht unbeschädigt aus der Form zu wollen. Viele Köche helfen sich, indem sie die Terrinenform mit Frischhaltefolie auskleiden, die sie nach dem Stürzen leicht entfernen können.

SPANFERKELRÜCKEN MIT SAUREN RAHMBLÄTTLE

FÜR 4 PORTIONEN
1 Spanferkelrücken
6 EL Öl
3 EL Bier
½ TL Senf
1 Zweig Rosmarin
Pfeffer und Salz
0,1 l reduzierten
Kalbsfond
1 EL Butter

Für die Wirsingknöpfle:
8 Blätter vom Wirsing
1 Speckschwarte
1 TL Kümmel
2 EL Grieben
Salz

Für die Rahmblättle:
280 g festkochende
Kartoffeln
2 Schalotten
30 g Butter
1 EL Mehl
Weißwein-Essig
¼ l Sahne
½ Bund Petersilie
Pfeffer und Salz
Muskat

1 *Die Rippenknochen bis zum Ansatz des Rückenfleisches freilegen, das Fleisch zwischen den Rippen herausschneiden und die Knochenhaut abschaben, die Rippenknochen am Ansatz vom Rückgrat trennen, das Rückenfleisch mit den anhängenden Rippenknochen durch einen Schnitt entlang des Rückgrats ablösen. Rückenfleischstrang pfeffern, salzen, mit einer Marinade von Bier, Öl und Senf übergießen, mit gehacktem Rosmarin bestreuen und auf der Hautseite eine halbe Stunde liegen lassen.*

2 *5 l Wasser mit der Speckschwarte und dem Kümmel ca. 10 Minuten kochen, die Wirsingblätter darin 2 – 3 Minuten blanchieren, abschrecken und trockentupfen. Aus jedem Wirsingblatt ein Quadrat schneiden, die Abschnitte in kleine Würfel schneiden. Ein Wirsingquadrat auf ein Küchentuch legen, mit Wirsingwürfeln und leicht gesalzenen Grieben füllen, die Seiten hochschlagen und mit Hilfe des Tuchs zu kleinen Köpfen pressen, im Ofen mit etwas Kochbrühe vom Wirsing nachgaren lassen.*

3 *Das marinierte Fleisch in einem Bräter mit heißem Öl anbraten. Im vorgeheizten Ofen bei 220 Grad ca. 15 – 20 Minuten braten, danach ca. 5 Minuten in der Wärme ruhen lassen.*

4 *Die Kartoffeln schälen, in Scheiben schneiden, blanchieren und abkühlen. Schalotten fein würfeln, in Butter andünsten, Mehl dazugeben und zu einer blonden Mehlschwitze unter Hitze verrühren. Vom Herd nehmen, mit einem Schuß Essig ablöschen, etwas Kartoffelfond und Sahne dazugeben und unter Rühren wieder aufkochen, mit Salz, Pfeffer und Muskat abschmecken. Die Kartoffeln hineingeben und ein paar Minuten nachgaren lassen, zum Schluß die gehackte Petersilie einstreuen.*

5 *Bratensaft mit etwas Kalbsfond verkochen, Butterflöckchen unterschlagen, den fertigen Braten in Koteletts zerteilen und 3 – 4 Koteletts pro Person auf vorgewärmten Tellern in der Sauce anrichten. Wirsingknöpfle und Rahmblättle daneben plazieren.*

Wenn Ihnen das Herauslösen des Fleisches zuviel Arbeit ist, können Sie es sich auch vom Metzger richten lassen.

KIRSCHPFANNKÜCHLE MIT KIRSCHWASSER-HALBGEFRORENEM

FÜR 4 PORTIONEN
3 Eier
100 g Zucker
500 g geschlagene Sahne
6 cl Kirschwasser
1 Vanilleschote

Für die Pfannküchle:
120 g Mehl
200 ml Milch
2 Eier
1 EL Zucker
1 Prise Salz
Butter

Für die Füllung:
400 g Kirschen
200 g Mark von schwarzen Johannisbeeren
80 g Zucker
1 Vanilleschote
Rotwein
1 TL Pfeilwurzelmehl ersatzweise Speisestärke

Zum Garnieren:
Minzeblätter

1 *Eier, Zucker und das ausgeschabte Mark der Vanilleschote miteinander verrühren, dann im Wasserbad warm schlagen. Danach im Eisbad kalt schlagen.*

2 *Die geschlagene Sahne und das Kirschwasser unterheben, die Masse in Förmchen füllen und gefrieren lassen.*

3 *Das Mehl mit der Milch glattrühren. Eier, Salz und Zucker dazugeben und alles verrühren. Dann den Teig für eine halbe Stunde kalt stellen.*

4 *Das Johannisbeermark mit dem Zucker und der aufgeschnittenen Vanilleschote aufkochen. Das Pfeilwurzelmehl mit etwas Rotwein anrühren und damit das Johannisbeermark-Zucker-Gemisch leicht abbinden. Die entkernten Kirschen dazugeben.*

5 *Den Pfannküchleteig portionsweise in eine Pfanne mit heißer Butter geben und auf beiden Seiten goldbraun backen.*

6 *Zuerst die Küchle auf die Teller geben, Kirschen darauflegen und die Küchle zusammenklappen. Jeweils einen kleinen Spiegel von Kirschsauce dazugeben und darauf das aufgeschnittene Halbgefrorene legen. Mit Minzeblättern garnieren.*

Es ist ja immer ein wenig problematisch, wenn Kinder mit am Tisch sitzen und im Nachtisch wurde Alkohol verwendet. Beim Kochen oder Backen verschwindet Alkohol zwar beinahe spurlos durch die Hitzeeinwirkung. Bei unserem Halbgefrorenen kann man das Kirschwasser aber auch durch Kirschsaft ersetzen. Einen Weinschaum kann man entalkoholisieren, wenn man statt des Weins Trauben- oder Apfelsaft verwendet.

TIPS RUND UM DEN TISCH

Das ausgefallene und farbenfrohe Keramikgeschirr, mit dem Wilfried Serr seinen Tisch gedeckt hat, ist das Modell *Isola bella* von *Waechtersbach*. Die Gläser stammen von *Zwiesel* und das Besteck von *WMF*.

Keramik ist ein besonders von jungen Leuten geschätzter Werkstoff. Das liegt vor allem daran, daß seine

Farbpalette im Gegensatz zu der des Porzellans unbegrenzt ist. Der Scherben vom Steingut ist poröser als der von Porzellan, das liegt an der um rund 400 Grad niedrigeren Brenntemperatur, die allerdings auch dafür verantwortlich ist, daß man Keramik so schön bunt machen kann.

Es ist preiswerter, zerbricht allerdings auch leichter als Porzellan, was aber wiederum zu verschmerzen ist, weil es eben weniger kostet. Mit Keramik kann man Moden folgen oder welche auslösen. Wer erinnert sich nicht an die berühmte Erstaus-

stattung studentischer Buden in den sechziger Jahren – das finnische »Arabia«-Geschirr in Dunkelblau?

Geschirr aus Keramik kauft man sich schon mal eher neu, wenn man sich an Formen und Farben sattgesehen hat. So berichtet der Fachhandel, daß immer mehr Familien zusätzliche Frühstücksgeschirre für zwei oder drei Personen anschaffen, und zwar gern besonders bunte für den trüben Tag, in der sicher begründeten Hoffnung, aus Morgenmuffeln vergnügte Mitmenschen zu machen.

Die sauren Rahmblättle aus Wilfried Serrs Menü sind eine aparte Abwandlung der Bechamelkartoffeln und – zusammen mit einem grünen Salat – eine beliebte Fasttagsspeise in Baden.

Daß man Kirschen nicht nur essen kann, haben die Badener schon früh herausgefunden und eine große Fertigkeit in der Fabrikation des wohlschmeckenden Kirschwassers entwickelt. Nicht unwahrscheinlich, daß schon die Römer, die gern ihre rheumatischen Knochen in die Thermen von Baden-Baden oder Badenweiler tauchten, den Baum, den ihr Feld-

herr Lucullus aus Kleinasien mitgebracht hatte, hier am Oberrhein heimisch machten.

VORSPEISE
Ein fruchtig-eleganter Riesling vom Neuweierer Mauerberg ist ein idealer Wein für die Vorspeise.

HAUPTGERICHT
Zum Spanferkel paßt ein schönes Bier oder ein fruchtig-frischer badischer Spätburgunder Weißherbst mit seiner kräftigen Säure.

GETRÄNKETIPS

ALFRED KLINK
COLOMBI HOTEL
FREIBURG

Unter Feinschmeckern gibt es das unausrott-bare Vorurteil, daß Restaurants in Stadthotels keineswegs einen gehobenen kulinarischen Stan-dard haben können. Zu unterschiedlich seien die Anforderungen, wenn man die Ansprüche durch-reisender Geschäftsleute erfüllen und zugleich dem sensiblen Gaumen verwöhnter Gourmets schmeicheln möchte. Und ganz natürlich hat ein Geschäftsmann, der tagsüber stundenlang kon-feriert hat, andere Wünsche als der Silberhoch-zeiter, der sich und den Seinen einen vergnügli-chen und kulinarischen Abend bereiten möchte. Zudem möchten Hotelgäste häufig dann essen, wenn sich die gestreßte Küchenbrigade gerade der verdienten Ruhe hingibt.

Nun, es gibt Gegenbeispiele: das »Krautkrä-mer« in Hiltrup, den »Königshof« in München und eben das Hotel »Colombi« in Freiburg. 1978 wurde es vom Ehepaar Burtsche übernommen und seitdem konsequent in die dünne Luft der Spitzenhotellerie und -gastronomie ge-führt, belohnt durch die Wahl von Roland Burtsche zum »Hotelier des Jahres 1989«. Und für den Kaiserstühler Burtsche gehört nun einmal ein Spitzenrestaurant in ein Hotel. Millionen sind in den Um- und Aus-bau des Hotels geflossen, aber alles Geld ist fehlinvestiert, wenn der Hotelier es nicht schafft, die Atmosphäre seines Hauses durch lie-benswürdiges und geschultes Personal zu prä-gen.

Eine besonders glückliche Hand hatte Burt-

sche in der Auswahl seines Küchendirektors Alfred Klink aus dem schwäbischen Nagold, der nach der Lehre in Freudenstadt und weiteren Stationen in Zürich, St. Moritz und Ettlingen 1981 Küchenchef im »Colombi« wurde. Klink, der von der großen klassischen Küche her-kommt, kocht heute eine regional bezoge-ne »Neue Deutsche Küche«. Seine Koch-kunst wird sowohl von weither angereisten Gourmets gelobt wie von den einheimi-schen Feinschmeckern, die sich gern auf den vom Schwarzwaldmaler Hans Thoma entworfenen schweren Holzstühlen in der »Balkenstube« niederlassen. Auffallend das von der Spitzengastronomie sonst ge-schmähte Schweinefleisch auf der Karte, dem Alfred Klink immer neue Reize abge-winnt, sei es in der gefüllten Spanferkel-schulter, seien es marinierte Schweinebäck-chen mit Gänseleber auf Linsen. Wie er mit diesem Fleisch umgeht, das man im Nor-den der Republik nur als mächtige Beilage zum winterlichen Grünkohl kennt, nötigt dem schmausenden Gast allen Respekt ab. Lohn der Mühen und Bestätigung seiner Arbeit schlagen sich nieder im Michelin-Stern und einer besonders hohen Benotung im gestreng-flapsigen Gault-Millau.

DAS MENÜ

......

ROTE-BETE-SUPPE MIT LACHSFORELLEN-FILET UND MEERRETTICH-KNÖPFLE

......

GEPÖKELTES SCHWEINE-BÄCKCHEN MIT KARTOFFEL-KRUSTE UND LINSENSAUCE

......

TANNENHONIG-AUFLAUF MIT WILLIAMSBIRNE UND ROTWEINEIS

......

ROTE-BETE-SUPPE MIT LACHSFORELLENFILET

FÜR 4 PORTIONEN
200 g Rote Bete
80 g Lauch
80 g Zwiebeln
80 g Sellerie
40 g Butterschmalz
1 l Rinderkraftbrühe
50 g geschlagene Sahne
2 EL Essig

Für die Meerrettich-knöpfle:
⅛ l Milch
55 g Grieß
40 g Butter
1 Ei
10 g frisch geriebener Meerrettich
Muskat
Salz

Für die Einlage:
240 g Lachsforellen-filet
¼ l Salzwasser oder Fischfond
Pfeffer und Salz

Zum Garnieren:
Kerbelblätter

1 *Rote Bete, Sellerie und Zwiebeln schälen, den Lauch putzen und alles in gefällige Würfel schneiden.*

2 *Das Butterschmalz erhitzen und die Zwiebelwürfel darin anschwitzen. Dann das restliche Gemüse dazugeben und mit der Rinderkraftbrühe aufgießen. Leicht köcheln lassen, bis das Gemüse gut weich ist.*

3 *Für die Meerrettichknöpfle Milch, Butter, Meerrettich, Salz und Muskatnuß aufkochen. In diese kochende Milchmasse den Grieß einlaufen lassen und zu einem Klumpen abrühren.*

4 *Den Topf vom Feuer nehmen und das Ei untermengen. Dann mit einem Teelöffel kleine Knöpfle abstechen und diese in siedendem Salzwasser ca. 8 – 10 Minuten garen.*

5 *Inzwischen den Gemüsefond abpassieren und mit Salz und Essig abschmecken.*

6 *Das Lachsforellenfilet in 2 – 3 cm dikke Streifen schneiden, mit Pfeffer und Salz würzen und kurz in heißem Salzwasser oder Fischfond garen lassen.*

7 *Das Fischfilet auf den vorgewärmten Tellern anrichten und die Knöpfle anlegen. Die Rote-Bete-Suppe mit der geschlagenen Sahne verrühren und mit Kerbelblättern garnieren.*

GEPÖKELTES SCHWEINEBÄCK-CHEN MIT KARTOFFELKRUSTE

FÜR 4 PORTIONEN
4 Schweinebäckchen
½ TL Salz
½ TL Pökelsalz
1 Zweig Thymian
1 Zweig Rosmarin
4 Salbeiblätter
8 Pfefferkörner
8 Korianderkörner
12 Senfkörner
1 Wacholderbeere
½ Knoblauchzehe
½ abgeriebene
Limonenschale

Für die Linsensauce:
60 g kleine grüne
Linsen
½ l Fleischbrühe
1 Zwiebel
1 Lorbeerblatt
2 Nelken
¼ l Sahne
20 g Butter
60 g Gemüsewürfel
von Karotten, Lauch,
Sellerie, Schalotten
3 EL Essig
1 Bund Schnittlauch
Pfeffer und Salz

Für die Kruste:
2 große Kartoffeln
1 Eigelb
2 EL Traubenkernöl

Zum Anrichten:
dunkle Bratensauce

1 *Die parierten Schweinebäckchen mit Pökelsalz, Salz, kleingeschnittenen Kräutern und Gewürzen sowie der abgeriebenen Limonenschale gut einreiben und im Kühlschrank 2 – 3 Tage kalt stellen.*

2 *Dann die gepökelten Bäckchen gut abwaschen, in einen Topf mit kaltem Wasser legen, kurz aufkochen, zurückschalten und bei ca. 80 Grad 60 Minuten ziehen lassen.*

3 *Inzwischen die Linsen in kaltem Wasser waschen und dann mit einer mit Lorbeer und Nelken gespickten Zwiebel in der Fleischbrühe ca. 5 Minuten köcheln lassen.*

4 *Die Schalottenwürfel in Butter anschwitzen, Sellerie, Karotten und Lauch dazugeben, dann die Linsen mit dem Sud ebenfalls dazugeben und alles reduzieren.*

5 *Die Kartoffeln schälen und in sehr dünne (ca. 1 – 1,5 mm) Scheiben schneiden. Die Enden mit Eigelb bestreichen und zu einem Kreuz legen.*

6 *Nun die gar gekochten Schweinebäckchen aus dem Sud nehmen, trockentupfen und auf die Kartoffelrosette legen. Erneut alle Enden mit Eigelb bestreichen und über dem Fleisch zusammenklappen.*

7 *Die umhüllten Schweinebäckchen in Traubenkernöl von allen Seiten gut anbraten und dann im vorgeheizten Backofen bei 220 Grad 15 – 20 Minuten backen.*

8 *Die Sahne unter die Linsen rühren und die Linsensauce mit Essig, Salz und Pfeffer abschmecken. Zum Schluß den kleingeschnittenen Schnittlauch dazugeben.*

9 *Zum Anrichten die Schweinebäckchen in der Mitte durchschneiden und auf der Linsensauce plazieren. Dann mit dunkler Bratensauce garnieren.*

Die Schweinebäckchen müssen 2 – 3 Tage in der Pökellake ruhen. Denken Sie also daran, rechtzeitig mit diesen Vorbereitungen zu beginnen.

TANNENHONIG-AUFLAUF MIT BIRNE UND ROTWEINEIS

FÜR 4 PORTIONEN

Für die Williamsbirnen:
¼ l Weißwein
60 g Zucker
1 Zimtstange
1 Nelke
1 EL Birnengeist
etwas Zitronensaft
2 mittelgroße Williamsbirnen

Für das Rotweineis:
675 ml Rotwein
200 g Zucker
320 g Butter
6 Eigelb
1 Vanilleschote

Für den Honig-Auflauf:
50 ml Milch
25 g Speisestärke
120 g Tannenhonig
3 Eier
25 g Bisquitbrösel
10 g Zucker
Butter

Für den Zimtschaum:
2 Eigelb
60 ml Weißwein
1 EL Zucker
1 Msp. Zimt

Zum Garnieren:
Schokolade und Puderzucker

1 *500 ml Rotwein in einen Topf geben, aufkochen und auf 200 ml reduzieren.*

2 *Die Williamsbirnen schälen und halbieren und in einem Sud von Weißwein, Zucker, Zimtstange, Nelke, Birnengeist und Zitronensaft ca. 2 – 3 Minuten ziehen lassen. Dann die Birnen herausnehmen, fächerartig aufschneiden und zurück in den Sud legen.*

3 *Den eingekochten Rotwein mit dem restlichen frischen Rotwein aufgießen und auf 60 Grad erhitzen. Dann Butter, Zukker, Mark der Vanilleschote und Eigelb mit dem Pürierstab untermixen. Dabei darauf achten, daß die Temperatur nicht über 85 Grad steigt.*

4 *Wenn die Masse leicht anzieht, in einem Eisbad auf ca. 20 Grad kaltschlagen. In einer Eismaschine oder über Nacht im Gefrierschrank gefrieren lassen.*

5 *Milch, Speisestärke und Honig zusammenrühren und auf dem Feuer zu einer dicklichen Masse abrühren. Etwas abkühlen lassen, dann Eigelb und Bisquitbrösel sowie das mit Zucker aufgeschlagene Eiweiß unterheben.*

6 *Die Masse in kleine gebutterte und gezuckerte Förmchen geben und in einem heißen Wasserbad im vorgeheizten Ofen bei 220 Grad ca. 15 – 20 Minuten backen.*

7 *Für den Zimtschaum Weißwein, Zukker, Eigelb und Zimt über einem Wasserbad cremig schlagen.*

8 *Die Teller mit Puderzucker bestreuen, dann die Birnenhälften auflegen, mit Schokoladenfäden garnieren, den Zimtschaum angießen, den Tannenhonig-Auflauf daraufsetzen, zum Schluß das Rotweineis anlegen und sofort servieren.*

Besonders hübsch sieht es aus, wenn Sie etwas Zartbitterschokolade im Wasserbad schmelzen, eine Spritztülle aus Pergamentpapier falten, die flüssige Schokolade einfüllen, die Spitze anschneiden und die fächerartig aufgeschnittenen Birnen mit Schokoladenfäden überziehen.

TIPS RUND UM DEN TISCH

Elegante Form und feines Muster vereinen sich in diesem edlen Porzellan von *Kaiser*, das hier stilvoll ergänzt wird von Gläsern von *Peill + Putzler* und Besteck von *WMF.*

Gemessen am Glas, ist Porzellan noch ein verhältnismäßig junger Werkstoff: Erfunden in

China im ersten Jahrtausend vor der Zeitenwende, wurde es vermutlich zum ersten Mal von Marco Polo nach Europa gebracht, wo man sich vergeblich bemühte, hinter die Geheimnisse der Fabrikation zu kommen. Erst im Jahre 1709 gelang es dem von August dem Starken als Goldmacher

verpflichteten Johann Friedrich Böttger, Porzellan herzustellen. In Dresden entstand die erste Porzellanmanufaktur außerhalb Chinas, sie wurde 1710 nach Meißen verlegt. Die nächsten Manufakturgründungen waren Wien und Sèvre in Frankreich, dann Chelsea, Höchst und Fürstenberg, Nymphenburg, Berlin, Frankenthal, Ludwigsburg und Kopenhagen.
Jede Residenz, und war sie noch so klein, witterte eine Möglichkeit, den durch die üppig-barocke Hofhaltung entstandenen Finanznöten durch Herstellung des »weißen Goldes« zu entgehen. Porzellan ist hitzebe-

ständig, säurefest und besonders hart – auf der Härteskala erreicht es die Härte 8 (zum Vergleich: der Diamant hat Härte 10). Es wird aus Kaolin (einem Ton), Feldspat, Quarz und Wasser zusammengemischt und bei 1400 bis 1500 Grad gebrannt. Es bleibt immer leicht transparent, das unterscheidet Porzellan vom Steingut, man muß es nur gegen das Licht halten.
Edles Porzellan ist besonders durchscheinend, es hat eine glänzende Oberfläche, einen hellen Klang und einen reinen Farbton von bläulichem Weiß bis zu Elfenbein.

Besonders der Nachtisch gibt einen schönen badischen Dreiklang: Honig aus dem Schwarzwald, Birne und Rotwein aus dem Rheintal. Honig wird seit Jahrtausenden als natürlicher Rohstoff geschätzt. Er besteht zu 75% aus Trauben- und Fruchtzucker, der vom Körper besonders schnell aufgenommen wird. Weitere 6% sind wertvolle Eiweißstoffe, sogenannte Enzyme, dazu Mineralien. Für das alte Hausmittel gegen Halsweh – also vermischt mit Milch – sollte man darauf achten, daß die Milch nicht über Körpertemperatur erwärmt wird, denn Hitze zerstört die Enzyme und nimmt der Mischung damit ihre angestrebte Wirkung. Bienen werden übrigens regelrecht auf die »Weide« getrieben, damit ihr Honig später den gewünschten Geschmack nach Akazienblüten, Klee oder Tannen bekommt. Dazu bringt der Imker die Bienenkörbe zur Zeit der Blüte zu den entsprechenden Bäumen oder Blüten.

VORSPEISE
Auch solche Regeln, daß man nämlich zur Suppe keinen Wein serviert, müssen nicht tierisch ernst genommen werden: Zur Einstimmung auf die folgenden Köstlichkeiten ist ein fruchtiger Rosé, ein trockener Spätburgunder Weißherbst aus Baden gerade richtig.

HAUPTGERICHT
Zum Schweinebäckchen schmeckt ein frisches Pils genausogut wie ein trockener Grauburgunder vom Kaiserstuhl. Er ist kräftig genug, um dem gepökelten Schweinebäckchen standzuhalten, aber doch auch feinnervig und frisch.

GETRÄNKETIPS

MANFRED SCHWARZ
DEIDESHEIMER HOF
DEIDESHEIM

Jetzt überschreiten wir mit Manfred Schwarz den Rhein in westlicher Richtung und gehen in die Pfalz, nach Deidesheim. Das hat nichts damit zu tun, daß uns in Baden die kulinarischen Spitzenkönner ausgegangen sind. Vielmehr sind wir hier – freudige – Opfer der föderalen Strukturen, die bestimmen, daß die Pfalz zum Sendegebiet des Südwestfunks gehört. Und da dies Kochbuch schließlich auf der Sendereihe BESSER ESSEN IN DEUTSCHLAND fußt, ist unser Ausflug in die Pfalz ganz natürlich, wenngleich wir selbstverständlich wissen, daß die gastfreundliche Pfalz mit einer Folge nur ungenügend behandelt wird.

Etwas hat die Pfalz mit Baden gemein: das besonders günstige Klima, das auch Feigen, Eßkastanien und Mandeln gedeihen läßt. Die Franzosen, die die Pfalz häufig erobert haben,

nannten sie »Gottes schöner Garten«. Natürlich begünstigt das Klima vor allem den Wein, aber auch feinste Gemüse wachsen hier. Die Wälder stecken voller Wild, die Kartoffel spielt eine wichtige Rolle auf dem Speiseplan, und in den Ställen der Bauern stehen altmodisch fette Schweine. Beides, Schweinefleisch und Kartoffeln, geht eine innige Verbindung ein im wohl berühmtesten Pfälzer Gericht, dem deftig-mächtigen Saumagen.

Hier, zwischen »Franzosesupp« und »Lewwerknepp« (Leberknödel), »Dippehas« (Hasenpfeffer), »gefüllte Knepp« (mit Bratwurstbrät gefüllte Kartoffelklöße) und »Kescheplotzer« (ein Freitagsessen aus altbackenen Brötchen und Kirschen, auch als »Kirschenmichel« bekannt), hier also kocht Manfred Schwarz, der vorher bei Bareiss in Baiersbronn die kulinari-

schen Sterne vom Himmel holte. In Deidesheim ist er gleich für zwei Restaurants verantwortlich, das Feinschmeckerlokal »Schwarzer Hahn« im Keller des Hotels »Deidesheimer Hof« und für die regionale Küche zelebrierende »Weinstube St. Urban«. Hier folgt er einem sympathischen Trend, der auch dem Gourmet mit dem kleinen Hunger und dem Appetit auf feine Hausmannskost Rechnung trägt. Im »Schwarzen Hahn« speist man im eleganten Rahmen »Milchlammkutteln mit Lauch und Trüffelsauce«, »Lachs in Meerrettichkruste« und »Steinbutt in Pimiento-Ingwer-Sauce«. Und die herzhafte Pfälzer Küche inspiriert den Schwaben Schwarz zu »Gugelhupf vom Kalbskopf«, »Schweinshax Supp«, »Pfälzer Woigockel« und »Pfälzer Kartoffelrahmsuppe mit Griebenwurst«. Alles, was Manfred Schwarz zubereitet, atmet unprätentiöse Eleganz, die er nicht einmal verliert, wenn er in eher deftige Gefilde eintaucht. Er beherrscht eine regionale Küche, die nicht schwer im Magen liegt und sofort gebieterisch nach gewaltigen Schnäpsen und einem Verdauungsschläfchen ruft. »Zeitschmecker« Wolfram Siebeck sprach nach einem Besuch bei Manfred Schwarz von »gastronomischen Paukenschlägen, die nicht ungehört verhallen sollten«.

DAS MENÜ

......

KARTOFFEL-
RAHMSUPPE MIT
BLUTWURST-
RÄDLE UND GE-
RÖSTETEN BROT-
WÜRFELN

......

KRAUTWICKEL
MIT SCHWEINS-
FÜSSLE, GÄNSE-
LEBER UND
TRÜFFEL

......

DAMPFNUDELN
MIT SCHMOR-
ÄPFELCHEN UND
VANILLESAUCE

......

KARTOFFELRAHMSUPPE MIT BLUTWURSTRÄDLE

FÜR 4 PORTIONEN
300 g mehlige Kartoffeln
160 g Butter
100 ml Sahne
½ l doppelte Kraftbrühe
Muskat
Pfeffer und Salz
20 Scheibchen Blutwurst
2 Scheiben Weißbrot
frischer Majoran
etwas Butter

1 *Die Kartoffeln schälen und in gefällige Stücke schneiden. In Salzwasser garen.*

2 *Noch heiß durch eine Kartoffelpresse drücken, Sahne und Butter unterrühren, mit Salz, Pfeffer und Muskat würzen, die Kraftbrühe zugeben und kurz aufkochen lassen.*

3 *Die Rinde von den Weißbrotscheiben abschneiden, das Brot würfeln. Etwas Butter in der Pfanne erhitzen und die Brotwürfel goldbraun anbraten.*

4 *Die Blutwurst pellen und in Scheiben schneiden.*

5 *Die Wurstscheiben in die Suppenteller legen, Kartoffelsuppe mit einem Pürierstab schaumig schlagen und ebenfalls in die Teller geben, die Brotwürfel mit frisch gehacktem Majoran würzen und obenauf geben.*

Die Kunst des Wurstmachens, sagen manche, ist dort am höchsten entwickelt, wo Armut die Bevölkerung dazu gezwungen hat, auch noch aus dem geringsten Stück Fleisch etwas Schmackhaftes zu machen. Vielleicht liegt es daran, daß in der Pfalz, in Nordhessen und in Thüringen besonders würzige Wurst gemacht wird. Man kann für das Rezept natürlich auch eine Kochwurst (Mettende) nehmen.

KRAUTWICKEL MIT SCHWEINSFÜSSLE

FÜR 4 PORTIONEN
4 große Weißkraut-
blätter
1 Ei
0,2 l Milch
80 g Weißbrotwürfel
1 große Schalotte
20 g Butter
120 g gekochte
Schweinsfüßle
60 g Trüffelwürfel
40 g gekochter
Schinken
50 g Schweinefleisch,
durch die feine
Scheibe des Fleisch-
wolfs gedreht
100 g Gänsestopf-
leber
Schweinenetz
1 große Knoblauch-
zehe
1/2 Bund glatte
Petersilie
Pfeffer, Salz
Öl

Für die Trüffelsauce:
1 EL Trüffelschalen
1/4 l Bratensaft
1/8 l roter Portwein
1/8 l Madeira
Butterflocken
Pfeffer, Salz
Öl

Zum Garnieren:
Trüffelspäne und
Kerbelblätter

1 *Aus den Weißkrautblättern die Strünke entfernen und die Blätter in sprudelndem Salzwasser ca. 4 – 6 Minuten gar kochen. Dann in Eiswasser abschrecken und auf einem Tuch trockentupfen.*

2 *Die Brotwürfel in lauwarmer Milch einweichen, das Ei unterrühren.*

3 *Die Schalotte fein würfeln und in heißer Butter anschwitzen. Die gehackte Petersilie dazugeben und abkühlen lassen.*

4 *Die Schweinsfüße würfeln und mit den Trüffelwürfeln in etwas Öl anschwitzen. Mit Salz und Pfeffer würzen, abkühlen lassen.*

5 *Schweinefleisch, Schinken, Schalotte und Schweinsfüße zu der Brotmasse geben und alles gut vermengen.*

6 *Die Trüffelschalen in etwas Öl anbraten, mit Portwein und Madeira ablöschen. Die Flüssigkeit etwas einkochen lassen, den Bratensaft dazugeben und erneut reduzieren.*

7 *Die Gänseleber in ca. 1/2 cm breite längliche Streifen schneiden, die Füllmasse auf die Blätter geben. Die Gänseleberstreifen auflegen, die Blätter einschlagen, das Schweinenetz drumherumlegen und zuschneiden.*

8 *Den Krautwickel in eine geölte Pfanne legen, mit wenig gewürfeltem Knoblauch bestreuen und im Ofen bei 220 Grad ca. 15 Minuten garen.*

9 *Währenddessen die eingekochte Sauce passieren, mit Butterflocken montieren, mit Pfeffer und Salz abschmecken.*

10 *Einen Spiegel der Trüffelsauce auf jeden Teller geben, die diagonal aufgeschnittene Roulade darauf anrichten, Kohlrabigemüse anlegen und alles mit Trüffelspänen und Kerbelblättern garnieren.*

Als Beilage empfiehlt Manfred Schwarz in Salzwasser gegartes, leicht gebuttertes und gesalzenes Kohlrabigemüse.

DAMPFNUDELN MIT SCHMORÄPFELCHEN

FÜR 4 PORTIONEN
250 g Mehl
50 g Butter
1 Ei
100 ml Milch
Salz
1 TL Zucker
10 g Hefe
100 ml Milch
1½ EL Zucker
70 g Butter
Salz

Für die Schmoräpfelchen:
500 g Äpfel
100 ml Apfelsaft
4 cl trockener Weißwein
1 EL Zucker
⅓ Zimtstange

Für die Vanillesauce:
¼ l Milch
¼ l Sahne
100 g Zucker
2 Vanilleschoten
5 Eigelb

Zum Garnieren:
Preiselbeeren
Puderzucker
Minzeblätter

1 *Das Mehl in eine Schüssel geben, eine Vertiefung hineindrücken, Hefe in lauwarmer Milch auflösen und in die Mulde gießen. Mit etwas Zucker und Mehl bestäuben und zugedeckt an einem warmen Ort ca. 30 Minuten ruhen lassen.*

2 *Butter, Ei, restlichen Zucker und eine Prise Salz dazugeben und alles gut verkneten. Erneut an einem warmen Ort zugedeckt gehen lassen.*

3 *Die Äpfel schälen, entkernen und in Spalten schneiden. Mit Weißwein, Zucker, Zimtstange und Apfelsaft in einem Topf 3 – 4 Minuten köcheln lassen.*

4 *Den Teig auf einer gemehlten Fläche ca. 1½ cm stark ausrollen. Mit Hilfe von runden Förmchen oder Gläsern ausstechen, auf ein gemehltes Brett setzen und zugedeckt nochmals gehen lassen.*

5 *In einem gußeisernen Topf Butter, Zucker, Milch sowie etwas Salz aufkochen lassen. Die aufgegangenen Dampfnudeln hineinsetzen und zugedeckt ca. 25 Minuten garen.*

6 *Für die Vanillesauce Sahne, Milch und die längs aufgeschnittenen Vanilleschoten mit der Hälfte des Zuckers aufkochen lassen. Eigelb mit dem Rest Zucker verrühren, die heiße Milch-Sahne-Mischung dazugeben und über dem Wasserbad schlagen, bis eine Bindung entsteht und die Masse anzieht. Durch ein Haarsieb abpassieren.*

7 *Eine Rosette von Äpfelchen auf jeden Teller geben, mit Vanillesauce übergießen, einige Preiselbeeren daraufsetzen und mit Minzeblättern garnieren. Dann jeweils die Dampfnudeln dazugeben und mit Puderzucker bestäuben.*

Seit es in den Küchen keine Kohlenöfen mehr gibt, ist das mit dem »warmen Ort« manchmal so ein Problem. Eine gute Hilfe ist da der Backofen: Man heizt ihn auf etwa 50 Grad auf und hält mit einem Löffelstiel die Ofentür einen Spalt weit offen.

TIPS RUND UM DEN TISCH

Manfred Schwarz deckte seinen Tisch mit einem Geschirr von *Winterling*, Gläsern von *Peill + Putzler* und Besteck von *Wirths*. Die zur Nachspeise empfohlenen Getränke lassen unterschiedliche Möglichkeiten zu: Gibt es etwas Behaglicheres als eine schön geformte Kanne mit duftendem Kaffee? Vielleicht noch mit einer ordentlichen Kaffeemütze oben drauf? Aber der Vormarsch der Kaffeemaschine, die unregelmäßigen Frühstückszeiten in der Familie und die Warmhaltekanne machen dem schönen Stück langsam den Garaus. Dafür werden alte, vergessene Formen manchmal mit großem Erfolg wieder aufgelegt wie beispielsweise die Mazarintasse, benannt nach dem französischen Kardinal, der aus solchen henkellosen Tassen seinen Morgenkakao zu schlürfen pflegte. Die Form der Tasse hat aber auch einen Sinn. Auf der Schokolade schwamm die Sahne, die nicht mit dem heißen Getränk vermischt wurde. So trank man das Heiße durch die kühle Sahne und verbrannte sich nicht den Mund. Außerdem konnte man an der Tasse die Hände wärmen, ein sicher nicht unwillkommener Nebeneffekt in den schlecht geheizten Räumen der damaligen Zeit.

Das Pfälzer Tischgebet geht so: »Ich lobe Dich, Herr, mit Esse und Trinke, mit Hoorische Knepp, Saumage, Worscht, Weck und Woi«. Essen und Trinken war immer von großer Bedeutung in der gelegentlich sehr armen, ständig von Kriegen überzogenen Pfalz. Der Reiz der pfälzischen Küche liegt in der Kunst des Wurstmachens und vielen raffinierten Kartoffelrezepten.

1586 kam die Kartoffel aus Peru über Spanien nach Europa. Friedrich der Große förderte ihren Anbau, indem er die ersten Äcker streng bewachen ließ. Die Leute klauten Kartoffeln wie die Raben, weil sie mutmaßten, etwas, das so streng bewacht werde, müsse auch besonders wertvoll sein. Der Friedrich, der nicht nur alt, sondern auch klug war, hatte sein Ziel erreicht. Für Salat und Bratkartoffeln nimmt man am besten eine festkochende Sorte (z. B. Hansa oder Sieglinde). Vorwiegend festko-

chende (z. B. Clivia oder Grata) eignen sich als Pell- und Salzkartoffeln, und für Suppen, Pürees und Klöße verwendet man mehlige Kartoffeln

(z. B. Aula). Völlig zu Unrecht steht die Kartoffel übrigens im Geruch eines Dickmachers: 100 g haben lediglich 68 Kalorien.

VORSPEISE
Wenn man zur Kartoffelsuppe etwas trinken möchte, paßt ein trokkener Riesling aus der Rheinpfalz.

HAUPTGERICHT
Zu dieser aparten Kombination aus herzhaft und elegant paßt ein weißer Burgunder (Pinot blanc) aus der Pfalz. Der »Siebeldinger Rosenberg« vom Ökonomierat Rebholz ist eine trocken ausgebaute Spätlese.

NACHTISCH
Hier scheiden sich die Geister: Der eine trinkt vielleicht gern einen Kaffee zur Dampfnudel oder eine Tasse Schokolade. Ein Sekt, nämlich eine »Menger Krug« rosé brut aus Deidesheim, paßt aber auch vorzüglich. Auf jeden Fall empfiehlt Manfred Schwarz einen Pfälzer Weinbrand als Abschluß seines Menüs.

GETRÄNKETIPS

BAYERN – SCH
MIT ALFONS

Die bayerische Küche gilt als schwer und deftig, es eilt ihr ein eher krachlederner Ruf voraus. Schweinsbraten mit Knödel, Leberkäs, Krautsalat und Preßsack, Schlachtschüssel, Regensburger und Nürnberger Würste, das sind die handfesten Genüsse, derentwegen der bayerische Mensch, erst recht aber der »Zuagroaste« ins Wirtshaus zu streben scheint. Und wirklich liest sich die weißblaue Speisekarte vieler Wirte so, als seien sie den weitverbreiteten bajuwarischen Klischees selbst auf den Leim gegangen. Vor allem, wenn das Angebot auch noch unter dem allumfassenden Titel »Schmankerl« annonciert wird.

Dabei ist ein Schmankerl – die Verkleinerungsform sagt es schon – stets etwas Feines, Leichtes, ein Bries etwa, ein Stückchen Leber von der Gans, ein Nierchen oder ein Fisch aus Bayerns Seen und Flüssen. Auch die Vermutung, in Bayern würde hauptsächlich Schweinefleisch gegessen, erweist sich als wenig stichhaltig: Ebenso gern ißt man Rind und Kalb.

Natürlich gab es auch in Bayern starke Unterschiede zwischen der bürgerlichen und bäuerlichen Küche, von der höfischen ganz zu schweigen. Das, was wir heute als regionale Küche kennen, ist – wie überall – eine Mischung aus allen dreien.

Und die bayerische Küche hat sich fremden Einflüssen nie verschlossen. Die Kunsthandwerker

MANKERL-KÜCHE SCHUHBECK

aus Italien, die an den Barockkirchen mitgebaut haben, brachten ihre Leibspeisen ebenso mit wie die durchreisenden Kaufleute, Zuckerbäcker, Maler, Musiker und Sänger. Aber auch der bayerische Hof und die Kaufleute des Landes waren überaus beweglich und brachten kulinarische Reiseandenken ins Land.

Der fremde Einfluß zeigt sich auch in der Küchensprache: die »Bavesen« (gefüllte und ausgebackene Brotschnitten), die sich vom italienischen »pavese« herleiten, das »Schado«, hinter dem sich das französische »Chaudeau« (Weinschaum) verbirgt, und natürlich das berühmte »Bifflamott«, eine Verballhornung des französischen »Boeuf à la mode« (Rinderschmorbraten).

Bayern ist immer noch ein Agrarland, auch wenn sich in den letzten Jahren die Industrie stürmisch entwickelt hat. Die Kühe auf den Bergwiesen liefern die würzige Milch und den Käse, Wein und Wurst kommen aus Franken, Schweine und Federvieh aus dem niederbayerischen Rottal. Getreide gedeiht hier vorzüglich und – nicht zu vergessen – der Hopfen fürs berühmte Bier. Dazu kommt das Wild aus den Wäldern. Der Viktualienmarkt in München ist ein getreues Spiegelbild bayerischer Vielfalt. Mit solchen Rohstoffen nicht gut zu kochen, ist schwer. Und wer die unverfälschte bayerische Küche sucht, ist in einigen der umliegenden Gasthäuser – z. B. dem »Straubinger Hof« – vorzüglich aufgehoben.

ALFONS SCHUHBECK KURHAUSSTÜBERL WAGING AM SEE

»Nimm dir die Landkarte und schau, wo wir sind«, meinte der alte Schuhbeck, als ihm der Alfons vorschlug, auf dem Gelände des Campingplatzes ein Restaurant für Feinschmecker einzurichten. »Wo sollen denn hier am See die feinen Leute herkommen?« Und ein Blick auf die Landkarte hätte einen anderen als Alfons Schuhbeck schon eingeschüchtert: Im äußersten Osten Bayerns, da wo man schon Gas gibt, um nach Salzburg zu kommen, liegt Waging in der Nähe von Traunstein, Feinschmeckern vielleicht gerade noch als Heimat eines bayerischen Blauschimmelkäses bekannt.

Aber wer den Schuhbeck kennt, weiß, daß er nicht so schnell aufgibt. Schließlich hatte er sein Handwerk nach dem Besuch der Reichenhaller Hotelfachschule in Salzburg, Genf und London gelernt, und er wollte auch in Vaters bürgerlichem Ausflugslokal zeigen, was in der kulinarischen Welt so angesagt ist. Also kochte er los – französisch natürlich. Die Nouvelle Cuisine war gerade auf ihrem Höhepunkt, und so bekam man auch in Ostbayern den unvermeidlichen Loup de Mer und den Lachs »an« Sauerampfer. Der Importeur französischer Delikatessen verdiente kräftig, aber den Münchnern war der Weg zu weit und den Eingeborenen das Angebot zu exotisch und zu teuer. Oft mußte Schuhbeck selbst Geld in die Kasse legen, damit der Vater glaubte, er habe Gäste im »Kurhausstüberl« gehabt.

Alfons Schuhbeck kam ins Grübeln: Warum eigentlich mußte man immer alles importieren? Gab es nicht auch erstklassige Fische im Waginger See oder Chiemsee gleich um die Ecke? Und konnten nicht auch deutsche Gärtner gutes Gemüse ziehen? Was war am französischen Federvieh so grundlegend anders? Oder am Rind- oder Schweinefleisch?

Es begann die Zeit des Predigers Schuhbeck: Er suchte sich Erzeuger nach seinem Geschmack, sagte ihnen, was er brauchte, und garantierte ihnen in vielen Fällen die Abnahme. Was ihm um so leichter fiel, als er ja noch den Besuchern des Campingplatzes Imbisse und bürgerliche Küche anbot. So kam nichts um, was in der Feinschmeckerküche nicht gebraucht wurde. Einem Gemüsegärtner verhalf er sogar zu einem Stand auf dem Traunsteiner Wochenmarkt. Sein Gemüse kauft Alfons Schuhbeck im Nachbardorf, sein Geflügel am Starnberger See, die Lämmer bei ei-

nem Bergbauern in Inzell und Rinder und Schweine von einem Erzeuger in Passau. Wenn er Wild verarbeitet, kommt das aus den Gehegen des Grafen Montgelas, weil ihm Wild aus freier Wildbahn zu belastet und zu unhygienisch verarbeitet ist.

Mit deutschen Lebensmitteln – das liegt nahe – sollte man natürlich auch deutsch, und das heißt in diesem Falle bayerisch, kochen.

Und so begann Alfons Schuhbeck seine Speisekarte konsequent bayerisch zu gestalten, was bis in sprachliche Details geht: Aus dem »amuse gueule« wurde ein »Magentratzerl« und aus dem »Entremet«, dem warmen Zwischengericht, ein »Gangerl«.

Und jetzt war auch München nicht mehr weit. Eine so leichte und bekömmliche bayerische Küche hatten die Metropolenbewohner immer schon gesucht und in den Landgasthöfen nicht gefunden. Schlachtschüsseln im Mini-Format, fabelhaft zubereitete Innereien und Süßwasserfische, mit denen Schuhbeck besonders gut umgehen kann, das schmeichelte den verwöhnten und der Exzesse der Nouvelle Cuisine müden Gaumen.

Es stimmt alles beim Alfons Schuhbeck, so ziemlich das einzige, was ihn aufregt, ist die Tatsache, daß man sein gelegentlich lockeres Mundwerk als bayerisches Gaudiburschentum mißversteht. Da kann er dann richtig grantig werden, der Fonsä.

DAS ERSTE MENÜ

......

RAHMSULZ VOM KARPFEN IM SCHWARZBROT-MANTEL

......

KLARES TAFEL-SPITZSUPPERL MIT EINLAGEN

......

GESOTTENE RINDERBRUST IN DER SENFKRUSTE

......

SCHOKOLADEN-KUCHEN MIT EINGELEGTEN KIRSCHEN

......

RAHMSULZ VOM KARPFEN IM SCHWARZBROTMANTEL

FÜR 4 PORTIONEN
Für den Sülzenstand:
(ergibt etwa 3 Liter)
1 kg Kalbsfüße
je 1 Stück Lauch,
Sellerie und Karotte
je 1 Zwiebel und
Knoblauchzehe
100 ml heller
Weinessig
1 Lorbeerblatt
5 Pfefferkörner
1 Tomate
2 Wacholderbeeren
Zucker, Salz

Weitere Zutaten:
ca. 350 g geräucherter Karpfen
1 Zitrone
Cayennepfeffer
Salz
1 l Sahne
1 Bund Dill
3 Scheiben altbackenes dunkles Brot
(etwa 150 g)
Salatblätter zum
Anrichten

1 *Kalbsfüße kalt abspülen und in einem großen Topf mit 3 ½ Liter Wasser zum Kochen bringen. Für etwa 12 Stunden im geschlossenen Topf bei kleinster Hitze sieden lassen.*

2 *Brühe durch ein Passiertuch gießen.*

3 *Suppengemüse putzen. Zwiebel halbieren und auf der Herdplatte oder in einer heißen Pfanne ohne Fett anbräunen.*

4 *Suppengemüse, Zwiebel, Knoblauch in der Schale, Essig, Lorbeer, Pfeffer, zerteilte Tomate und Wacholder zur Brühe geben und eine weitere Stunde sieden lassen. Die Brühe durch ein feines Sieb gießen und mit Salz und einer Prise Zucker würzen. Fertig ist der Sülzenstand.*

5 *750 ml von dem Sülzenstand abnehmen und erhitzen. Karpfen von Haut und Gräten befreien. Die Karpfenhaut zum Aromatisieren in den heißen Sülzenstand geben und 30 Minuten stehen lassen. Haut wieder entfernen.*

6 *Das Karpfenfleisch mit 250 ml Sülzenstand im Mixer pürieren und eventuell durch ein feines Sieb streichen Die Mischung mit Zitronensaft, Cayennepfeffer und Salz abschmecken, steifgeschlagene Sahne und geschnittenen Dill unterheben und beiseite stellen.*

7 *Brot und Bröseln zerreiben oder im Mixer zerkleinern. Eine gut vorgekühlte Terrinenform von etwa 2 Liter Inhalt mit etwas flüssigem Sülzenstand ausschwenken und sofort mit Brotbröseln ausstreuen.*

8 *Zuerst etwa einen Zentimeter breit Sülzenstand einfüllen, im Kühlschrank oder auf Eis fest werden lassen, danach je eine Schicht Brösel und Fisch-Sahne-Mischung einfüllen. Wiederum fest werden lassen und so fortfahren, bis alles aufgebraucht ist.*

9 *Den Rahmsulz für mindestens zwei Stunden im Kühlschrank fest werden lassen. Die Form kurz in heißes Wasser tauchen, den Sulz herausstürzen, in Scheiben schneiden und mit Salat anrichten.*

Diese selbstgekochte Grundlage für ein gutes Aspik kostet fast nichts und macht kaum Mühe, muß aber viele Stunden auf dem Herd vor sich hin köcheln.

KLARES TAFELSPITZSUPPERL MIT EINLAGEN

FÜR 4 PORTIONEN
1 kg Tafelspitz
250 g Markknochen
2 l Wasser
1 Knoblauchzehe
1 Bund glatte Petersilie
1 – 2 Lorbeerblätter
1 Zwiebel
1 TL Öl
150 g Möhren
150 g Lauch
80 g Staudensellerie
Salz
Pfeffer aus der Mühle
Muskat, frisch gerieben
1 Stengel Thymian

Für die Schinken-
schöberl:
50 g Butter
2 Eier
Muskat, frisch gerieben
2 EL geschlagene
Sahne
65 g Mehl
3 EL feingewürfelter
gekochter Schinken
2 EL Parmesan,
frisch gerieben

Für den Polenta-
strudel:
400 ml Milch
60 g Butter
60 g Polenta
(Maisgrieß)
Salz
Pfeffer aus der Mühle
Muskat
1 Eigelb
50 g Gemüsemais
(frisch oder aus der
Dose)
80 g Mehl
4 Eier
2 EL gehackte Petersilie
Fett zum Backen und
Braten
Mehl zum Wenden

1 *Das Fleisch und die Knochen kalt abspülen, in einen großen Topf geben und mit dem Wasser aufgießen. Die Knoblauchzehe schälen und zufügen. Die Petersilie abbrausen und das halbe Bund mit den Lorbeerblättern dazugeben. Zugedeckt 1 Stunde kochen lassen.*

2 *Die Zwiebel schälen, hacken und in heißem Öl braun braten. Möhren, Lauch und Sellerie putzen, waschen und mit der Zwiebel zufügen. Mit Salz, Pfeffer, Muskat würzen, den Thymian einlegen. Weitere 30 Minuten kochen.*

3 *Das Fleisch herausheben. Die Brühe durch ein feines Sieb gießen. Gemüse anderweitig verwenden, z. B. püriert zum Binden von Saucen. Die restliche Petersilie fein hacken und in die Fleischbrühe streuen.*

4 *Schinkenschöberl: Ein Backblech mit Backpapier auslegen und den Backofen auf 180 Grad vorheizen. Die Butter schaumig schlagen. Eier trennen. Eiweiß steifschlagen. Das Eigelb unter die Butter rühren und mit Muskat und Salz würzen. Die Schlagsahne abwechselnd mit dem Mehl unter die Masse mischen. Den Eischnee unterheben.*

5 *Die Masse etwa 1 cm dick auf das Backblech streichen. Mit den Schinkenwürfelchen und dem Parmesan bestreuen. In 20 Minuten goldgelb backen.*

6 *Polentastrudel: 200 ml Milch und 20 g Butter aufkochen. Polentagrieß einrühren. Etwa 10 Minuten bei ganz kleiner Hitze quellen lassen. Dabei umrühren, damit die Masse nicht anbrennt.*

7 *Den Brei von der Kochstelle nehmen und mit Salz, Pfeffer und Muskat abschmecken. Weitere 20 Minuten zum Quellen stehen lassen.*

8 *Eigelb und Maiskörner unterrühren.*

9 *Für die Pfannkuchen Mehl, restliche Milch, restliche flüssige Butter und 3 Eier glattrühren oder im Mixer aufschlagen. Mit Petersilie mischen.*

10 *In einer beschichteten Pfanne mit wenig Fett hauchdünne Pfannkuchen backen. Die Polenta jeweils 1 cm dick daraufstreichen und aufrollen.*

11 *Ei mit etwas kaltem Wasser verschlagen. Die Rollen erst in Ei, dann in Mehl wenden und in heißem Fett rundherum hellbraun anbraten.*

12 *Brätnockerl: Gekühltes Kalbfleisch würfeln und im Mixer fein pürieren. Ei, 2 Eßlöffel Sahne und Milch zufügen und noch einmal aufmixen. Die Mischung mit Salz, Pfeffer, Pastetengewürz, Muskat, gehacktem Thymian, Petersilie und Zitrone mischen und abschmecken.*

13 *Restliche Sahne steif schlagen und unterheben.*

14 *Salzwasser oder Brühe erhitzen. Mit einem angefeuchteten Teelöffel gleichmäßige Nockerl (längliche Klößchen) abstechen und in die leicht siedende Flüssigkeit gleiten lassen. Bei kleiner Hitze 5 – 7 Minuten garen.*

15 *Die Schinkenschöberl in Rauten oder andere Formen schneiden, die Polenta-Rollen in gleichmäßige Scheiben schneiden, mit den Brätnockerln in die Teller verteilen und die heiße Fleischbrühe aufgießen.*

Für die Brätnockerl:
200 g Kalbfleisch
(Nuß oder Keule)
1 Ei
80 ml Schlagsahne
2 EL Milch
Salz
Pfeffer aus der Mühle
1 Prise Pastetengewürz
Muskat
4 – 6 Thymianblättchen
½ Bund Petersilie
1 EL Zitronensaft

Falls die Zeit knapp ist, können Sie statt Kalbfleisch auch fertiges Brät kaufen. Das ist allerdings manchmal recht penetrant gewürzt und wird beim Garen sehr fest. Flaumiger und milder sind die Nockerl später, wenn Sie einige Löffel Sahne unter das Kalbsbrät mischen.

GESOTTENE RINDERBRUST IN DER SENFKRUSTE

FÜR 4 PORTIONEN
400 g Rindfleisch, gekocht (den Tafelspitz vom Tafelspitzsüpperl)
2 TL Steakgewürz
3 EL scharfer Senf
½ Bund Brunnenkresse
½ Kopf Friséesalat
8 Cocktailtomaten oder 4 kleine Tomaten
1 kleine Schalotte,
2 EL Rotweinessig
Salz
Pfeffer aus der Mühle
6 EL Öl
1 TL feingehackte Petersilie
50 g doppelgriffiges Mehl

1 *Das gekochte Rindfleisch mit einem scharfen Messer oder der Schneidemaschine in dünne Scheiben schneiden. Die Fleischscheiben beidseitig mit Steakgewürz bestreuen und mit Senf bestreichen, 10 Minuten durchziehen lassen.*

2 *Inzwischen die Brunnenkresse und den Friséesalat putzen und waschen.*

3 *Die Tomaten ebenfalls waschen und kleinschneiden.*

4 *Für die Salatsauce die Schalotte schälen, fein hacken und kurz in kaltes Wasser legen, damit die Schärfe vermindert wird.*

5 *Den Essig mit 2 Eßlöffeln Wasser, den Schalottenwürfeln, Salz und Pfeffer verrühren. 4 Eßlöffel Öl unterschlagen. Die Sauce 10 Minuten stehen lassen, dann durch ein Sieb gießen.*

6 *Die feingehackte Petersilie untermischen. Friséesalat und Brunnenkresse in der Salatsauce wenden.*

7 *Auf vier Tellern verteilen.*

8 *Die Rindfleischscheiben im Mehl wenden und im restlichen Öl goldgelb braten.*

9 *Neben dem Salat anrichten und gleich servieren.*

Dieses Gericht ist ein hervorragendes Beispiel von »Resteverwertung«. Auch Fleischreste vom Kalb oder Schwein kann man auf diese Weise aufwerten und zu einer kleinen sommerlichen Mahlzeit machen, wenn Hausfrau/mann mal keine Lust hat, lange in der Küche zu stehen.

SCHOKOLADENKUCHEN MIT EINGELEGTEN KIRSCHEN

FÜR 4 PORTIONEN
130 g Zartbitter-
Schokolade
¼ unbehandelte
Orange
¼ l Schlagsahne
1 EL Kakao
6 kleine Minzezweige

Für die eingelegten
Kirschen:
1 kg schwarze
Kirschen
1½ l Rotwein
¼ l Portwein
100 ml Grenadine-
sirup
100 ml schwarzer
Johannisbeerlikör
100 ml Wildkirsch-
likör
2 EL Honig
2 EL Kirschwasser

Als Beilage:
100 g Baumkuchen
mit Rum beträufelt
und mit Puderzucker
bestäubt

1 *Schokolade in Stücke brechen und in heißem Wasserbad flüssig werden lassen. Orangenschale untermischen.*

2 *Gut gekühlte Sahne in einer großen Schüssel mit einem großen Schneebesen steif schlagen.*

3 *Die Sahne portionsweise unter die flüssige Schokolade ziehen.*

4 *Sechs kleine Tortenringe aus Metall oder Kunststoff (10 bis 12 cm Ø) auf Backpapier auf ein Blech setzen. Ersatzweise kleine runde Auflaufformen mit Backpapier oder Folie auslegen.*

5 *Schokocreme einfüllen und für etwa 90 Minuten in den Kühlschrank stellen.*

6 *Währenddessen die Kirschen waschen und die Steine mit einem Kirschen-Entsteiner so entfernen, daß die Früchte heil bleiben.*

7 *Rot- und Portwein im offenen Topf bei großer Hitze bis auf die Hälfte verdampfen lassen.*

8 *Grenadinesirup, Kirschlikör, Johannisbeerlikör und Honig zufügen und die Mischung wiederum bis auf ein Drittel eindampfen lassen.*

9 *Die Kirschen zufügen, kurz aufkochen und zugedeckt in den Kühlschrank stellen.*

10 *Kirschwasser unter die abgekühlten Kirschen rühren und die Mischung eventuell mit Zucker nachwürzen.*

11 *Die Schokoladenkuchen vorsichtig aus den Formen lösen und auf die Teller geben. Mit Kakao bestäuben und mit Minzezweigen garnieren. Die Kirschen drumherum verteilen.*

Wenn mal keine Kirschen am Markt sind, kann man auch anderes Steinobst nehmen, zum Beispiel Zwetschgen oder Reineclauden. Der besondere Pfiff dieses Kompotts ist seine Marinade.

TIPS RUND UM DEN TISCH

Dieser in typisch bayerischem Blau-Weiß gehaltene Tisch, der mit einem Porzellan von *Hutschenreuther* gedeckt wurde, lädt wahrhaftig zu einem gemütlichen Essen ein. Geht es einmal nicht so ungezwungen zu, weil Sie Gäste zu einem formellen Essen geladen haben, entstehen die größten Schwierigkeiten beim Decken des Tischs wahrscheinlich bei der Plazierung der Bestecke. Dafür gibt es eine recht einfache Regel: Man geht vom Platzteller her nach außen vor, da der Teller der Bezugspunkt für das Besteck ist. Es liegt also links die Tafelgabel und rechts das Tafelmesser, dann folgt – bei einem Fischgang – links die Fischgabel, rechts das Fischmesser. Ein kleines Vorgericht wird mit Dessertmesser und -gabel gegessen, die jeweils rechts und links vom Tafelbesteck plaziert werden. Das Dessertbesteck liegt oben vor dem Teller. Und wenn's losgeht, benutzt man einfach das Besteck in der Reihenfolge der Gänge von außen nach innen. Viele Restaurants decken übrigens heute nur das zum Gang passende Besteck ein, damit erst gar keine Verwirrung entsteht.

In einer Küche, in der die Zubereitung der Saucen eine besonders große Rolle spielt, ist der Gast natürlich bemüht, auch das letzte Tröpfchen Sauce zu verspeisen. Die einfachste Methode ist ein Stückchen Brot, mit dem man die Sauce vom Teller wischt. Kein Mensch wird etwas dabei finden, wenn Sie das tun, schließlich ist es ein Kompliment für den Koch. Gern wird aber auch ein eigens entwickelter Gourmetlöffel zur Hilfe genommen.

Der Karpfen ist der Fisch der Franken und natürlich auch beliebt als Gericht an Fastentagen, derer es im bayerischen Kirchenjahr bis zu 120 gab. Alfons Schuhbecks Menü ist ein trefflliches Beispiel dafür, wie man einerseits anspruchsvoll kochen und doch noch Zeit für die Gäste haben kann, wenn man nur richtig plant: Karpfensulz, Suppe und Nachtisch kann man schon am Vortag zubereiten, so daß lediglich die Rin-

derbrust, die man schon in der Fleischbrühe hat mitziehen lassen, frisch zubereitet werden muß. Beim Tafelspitz sollte man darauf achten, daß er schön abgehangen ist und eine kräftige Fettabdeckung hat – die gibt Kraft und schützt das Fleisch vor dem Austrocknen. Überflüssiges Fett kann man nach dem Erkalten leicht entfernen.

Nur – ein paar Fettaugen sollte ein ordentliches bayerisches Festtagssupperl schon haben, nicht daß nachher mehr Augen in die Suppe sehen als heraus.

VORSPEISE
Da teilen sich die Vorlieben des Alfons Schuhbeck: Der Bayer in ihm läßt ihn nach einem Bier greifen, der Weinkenner empfiehlt einen leichten und spritzigen Riesling aus Baden-Württemberg: »Flein Sonnenberg«, Riesling Kabinett trocken von Robert Bauer.

HAUPTGERICHT
Ein idealer Begleiter für den Hauptgang ist ein trockener Lemberger Rotwein aus dem Fürst zu Hohenlohe-Oehring'schen Weingut in Württemberg.

NACHTISCH
Zum Nachtisch paßt ein frisch gebrühter Kaffee mit einem Gläschen Kirschwasser.

GETRÄNKETIPS

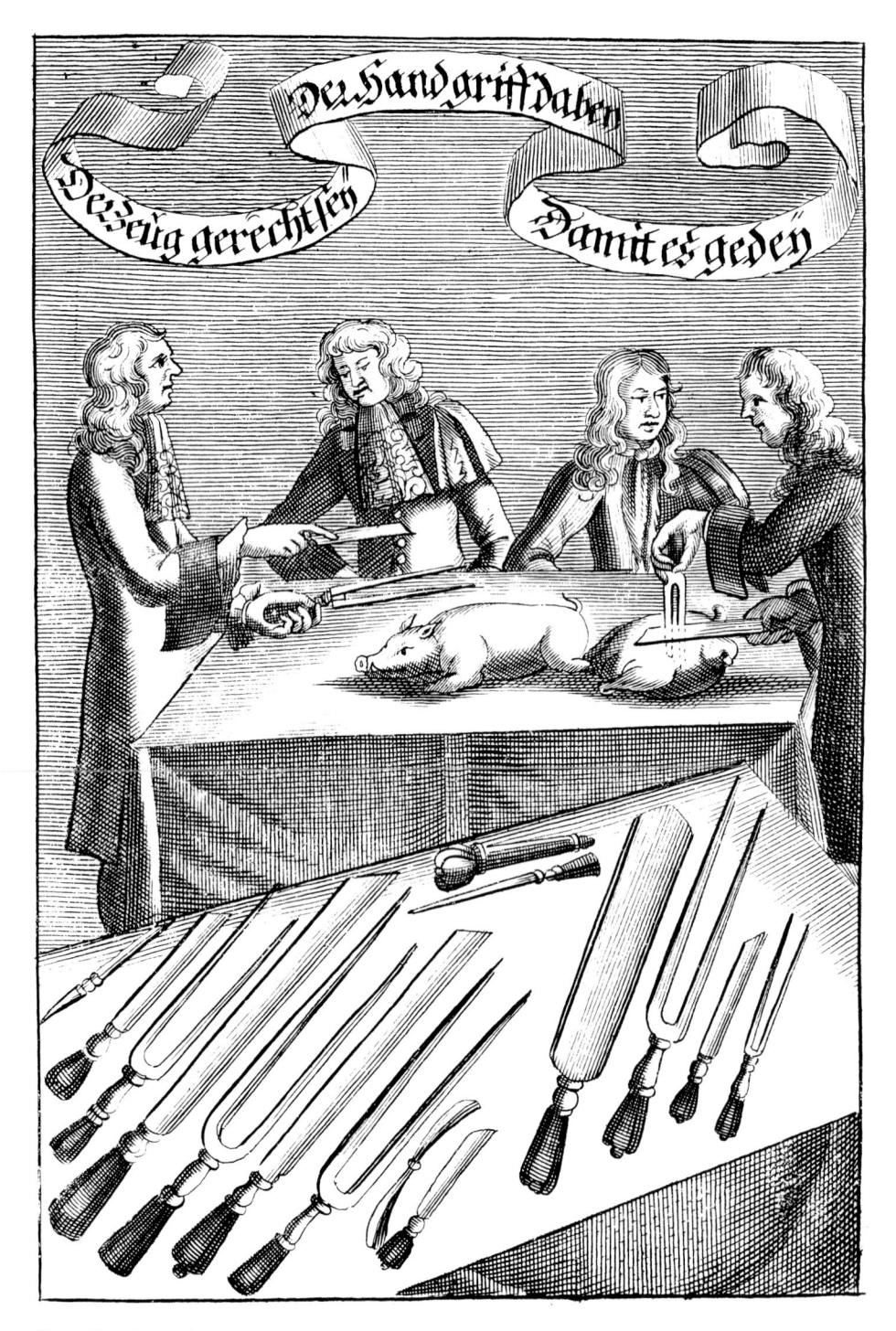

Tranchierbestecke
Kupferstich-Illustration von G.I. Schneider aus dem 1682 in Nürnberg erschienenen
»Haus-Feld-Arzney-Koch-Kunst-Wunder-Buch« von Johann Christoph Thieme.

DAS ZWEITE MENÜ

......

KARTOFFEL-GANGERL MIT FLEISCHPFANZL UND KRAUTSTRUDEL

......

SPANFERKEL-BRUST MIT BREZEN-FÜLLUNG

......

WAGINGER KÄSEKUCHEN

......

KROKANTEIS

......

KARTOFFELGANGERL

FÜR 4 PORTIONEN
Für den Krautstrudel:
250 g Weißkraut
Salz
150 g Mehl
15 ml Öl
35 g Butter
1 kleine Zwiebel
25 ml Apfelwein
35 ml Brühe
1 Prise gemahlener
Kümmel
Pfeffer aus der Mühle
Mehl zum Ausrollen
1 Ei zum Bepinseln

Für die Fleischpfanzl:
4 altbackene
Semmeln
1/4 l Milch
je 200 g mageres
Schweine- und
Kalbfleisch
2 kleine Zwiebeln
1 Knoblauchzehe
2 Stengel Petersilie
2 Stengel Majoran
20 g Butter
1 Ei
Salz
Pfeffer aus der Mühle
2 TL scharfer Senf
Muskat
Cayennepfeffer
Öl zum Braten
100 ml Kalbsjus

1 *Krautstrudel: Das Weißkraut putzen und in sehr feine Streifen hobeln, salzen, leicht stampfen und 10 Minuten ziehen lassen.*

2 *Das Mehl mit 60 ml lauwarmem Wasser, Öl und Salz in eine Schüssel füllen. Mit den Knethaken des Handrührers zu einem geschmeidigen Teig verarbeiten und abgedeckt 2 Stunden ruhen lassen.*

3 *Die Butter in einem Topf erhitzen. Die Zwiebel schälen, fein hacken und darin andünsten. Das ausgedrückte Kraut zufügen, glasig dünsten und mit Apfelwein und Brühe 10 Minuten schmoren. Abkühlen lassen.*

4 *Den Teig auf einem bemehlten Tuch 1 mm dick ausrollen und mit flüssiger Butter bepinseln. Das Kraut darauf verteilen, die Kanten an den Seiten einschlagen und den Strudel mit Hilfe des Tuches von der Breitseite her zusammenrollen.*

5 *Auf ein mit Backpapier ausgelegtes Blech setzen. Das Ei mit Wasser verquirlen, den Strudel damit bestreichen und im auf 180 Grad vorgeheizten Ofen 20 Minuten backen.*

1 *Fleischpfanzl: Die Semmeln in der Milch einweichen.*

2 *Das Fleisch würfeln.*

3 *Die Zwiebeln schälen und fein hacken. Den Knoblauch schälen und die Kräuter abbrausen.*

4 *Die Butter erhitzen. Zwiebel darin andünsten. Den Knoblauch dazudrücken, die Kräuter fein hacken und untermischen. Alles fast weich dünsten.*

5 *Die ausgedrückten Semmeln mit dem Fleisch durch die feinste Scheibe des Fleischwolfs drehen. Zwiebelmischung und Ei zufügen. Alles zu einem glatten Fleischteig verarbeiten. Mit Salz, Pfeffer, Senf, Muskat und Cayennepfeffer kräftig würzen.*

6 *Mit angefeuchteten Händen kleine Bällchen formen. In heißem Öl braten und kurz vor dem Anrichten in heißem Kalbsjus wenden.*

1 *Kartoffelgangerl: Die Kartoffeln schälen, waschen, kleinschneiden und in wenig Wasser mit Salz und Majoran in 20 Minuten garen.*

2 *Anschließend aus dem Wasser nehmen und durch ein Sieb in einen Topf drücken. Das Wasser warmhalten.*

3 *Den Knoblauch schälen und dazudrücken, salzen, pfeffern und mit Muskat abschmecken. Die Brühe mit der flüssigen Sahne und der Butter zufügen und aufschlagen, falls nötig etwas von dem Kartoffelwasser zufügen. Die geschlagene Sahne unterheben und die Suppe in vorgewärmte Teller verteilen.*

4 *Den Krautstrudel in vier Teile schneiden und mit je einem Fleischpfanzl in die Suppe legen.*

Für das Kartoffelgangerl:
300 g Kartoffeln,
mehlige Sorte
Salz
1/2 TL Majoran
1 Knoblauchzehe
Pfeffer
Muskat
1/2 l Brühe
100 ml Schlagsahne
40 g Butter
2 EL geschlagene
Sahne

Frikadelle, Bulette, Fleischlaiberl, Faschiertes – unzählig sind die Namen für in der Pfanne gebratenes Hackfleisch, und die meisten sind französischen Ursprungs. Aber hätten Sie gedacht, daß nicht einmal das gut berlinerische Wort »Klops« – und teutonischer geht's ja wohl kaum als mit »Klops und Tunke«! – deutschen Ursprungs ist? Tatsächlich kommt es aus dem Französischen und ist eine Verballhornung des Wortes »Escalope«.

SPANFERKELBRUST MIT BREZENFÜLLUNG

FÜR 4 PORTIONEN
250 g Brezen oder
Laugenstangen
1 Schalotte
1 Bund Petersilie
100 ml Milch
150 g gemischte Pilze
(Champignons oder
Waldpilze)
30 g Butter
Salz
Pfeffer aus der Mühle
½ Bund Schnittlauch
1 Zwiebel
1 Möhre
1 Knoblauchzehe
1,5 kg Spanferkelbrust
(beim Metzger vorbe-
stellen und Tasche
einschneiden lassen)
2 EL Öl
300 g kleingehackte
Schweinsknochen
1 TL Tomatenmark

1 *Für die Füllung Brezen oder Brezen-stangen in feine Scheiben schneiden.*

2 *Die Schalotte schälen und fein hacken. Die Petersilie abbrausen, abzupfen und fein hacken.*

3 *Die Milch aufkochen.*

4 *Die Pilze putzen und kleinschneiden. Die Schalotte in heißer Butter glasig dün-sten, die Pilze zufügen, kurz mitbraten, salzen und pfeffern.*

5 *Den Schnittlauch kleinschneiden und zusammen mit der Petersilie, den Pilzen und der heißen Milch zu den Brezenschei-ben geben, mischen und 20 Minuten quel-len lassen.*

6 *Zwiebel, Möhre und Knoblauch schä-len und kleinschneiden.*

7 *Die Spanferkelbrust salzen, pfeffern, mit der Brezenmischung füllen und die Öff-nung mit Rouladenspießen zustecken. In einem Bräter in heißem Öl bei mittlerer Hitze rundum anbraten und herausneh-men.*

8 *Die Knochen im verbliebenen Fett an-braten. Tomatenmark unterrühren, etwas Wasser zugießen.*

9 *Die gefüllte Spanferkelbrust und das Gemüse auf die Knochen legen. Im auf 180 Grad vorgeheizten Backofen 2 Stunden ga-ren. Das Fleisch herausnehmen und auf-schneiden. Den Bratenfond durch ein Sieb gießen und abschmecken.*

Die Füllung quillt beim Garen auf, deswegen sollte man die Fleisch-tasche nur locker fül-len, damit der Braten nicht reißt.

WAGINGER KÄSEKUCHEN

FÜR 4 PORTIONEN
100 g Mehl
50 g Butter
1 Prise Salz
1 Eigelb
120 g Almkäse
50 g Bavaria blu
Mehl zum Ausrollen
150 ml Milch
150 ml Sahne
2 Eier
Salz
Pfeffer aus der Mühle
Muskat

1 *Das Mehl, die Butter in Flocken, Salz, Eigelb und 1 – 2 Eßlöffel Wasser zu einem geschmeidigen Teig verkneten. Zur Kugel formen, in Folie packen und für 1 Stunde kalt stellen.*

2 *Den Almkäse mittelfein reiben und den Bavaria blu zerbröckeln.*

3 *Vier Gratin- oder Kuchenförmchen von ca. 10 cm Durchmesser einfetten und mit etwas Mehl bestäuben.*

4 *Den Teig ca. 2 mm dick ausrollen, in die Förmchen legen, einen Rand hochdrükken und den Boden mit einer Gabel mehrmals einstechen. Weitere 10 Minuten kalt stellen.*

5 *Die beiden Käsesorten darauf verteilen.*

6 *Die Milch mit der Sahne und den Eiern in den Mixer geben und kräftig durchmixen. Die Mischung mit Pfeffer und Muskat abschmecken, nicht salzen, da der Käse würzig ist. Die Eiermilch auf den Käse gießen.*

7 *Die Förmchen in den auf 200 Grad vorgeheizten Backofen stellen und auf der mittleren Schiene in 15 – 20 Minuten goldbraun backen.*

8 *Die Kuchen aus den Förmchen gleich auf Teller gleiten lassen und servieren.*

KROKANTEIS

FÜR 4 PORTIONEN
125 g Zucker
3 cl Orangenlikör
5 Eigelb
60 g Mandelkrokant
300 g Schlagsahne
4 cl Mandellikör
ca. 250 g gezuckerte
Brombeeren

1 *1¹/₂ Eßlöffel Wasser mit derselben Menge Zucker in einem Topf aufkochen und mit dem Orangenlikör mischen.*

2 *Den restlichen Zucker mit dem Eigelb in einer Schüssel zu hellgelbem Schaum aufschlagen.*

3 *Für das Wasserbad etwa handbreit Wasser in einem weiten Topf erhitzen. Die Schüssel mit der Eicreme so in den Topf hängen, daß der Boden die Wasseroberfläche nicht berührt. Die heiße Zucker-Orangenlikör-Mischung zu der Eicreme geben und im siedenden Wasserbad schlagen, bis die Creme dick geworden ist.*

4 *Die Schüssel in Eiswasser stellen und weiterschlagen, bis die Creme abgekühlt ist.*

5 *Den Krokant grob zermahlen. Die Sahne steifschlagen und ein Drittel davon mit dem Krokant mischen, unter die Eicreme ziehen. Die übrige Sahne mit dem Mandellikör mischen und ebenfalls unterheben.*

6 *Die Masse in vier mit kaltem Wasser ausgespülte Gugelhupfförmchen füllen und für 4–6 Stunden in den Tiefkühler stellen.*

7 *Vor dem Anrichten die Förmchen kurz in heißes Wasser halten und das Eis auf 4 Teller stürzen. Mit den gezuckerten Brombeeren garnieren.*

Alkohol im Halbgefrorenen ist nicht nur ein willkommener Aromaträger, er trägt auch wesentlich dazu bei, daß die Masse beim Gefrieren geschmeidiger bleibt. Problematisch nur, wenn auch Kinder beim Nachtisch mitessen. Notfalls kann man dann auch einen Fruchtsirup verwenden.

TIPS RUND UM DEN TISCH

Seit langem ist es Tradition, Brautleuten Besteck zu schenken und das – je nach Geldbeutel – so wertvoll wie möglich. Sprichwörtlich ist ja das »Familiensilber«, und wer sich daran vergriff, mußte schon ein übler Charakter sein, denn auch das »Stehlen silberner Löffel« ist sprichwörtlich geworden. Schwierigkeiten mit der Sammlung eines solchen Silberschatzes dürften die haben, die »nicht mit einem silbernen Löffel im Mund zur Welt« kamen. Man sieht, Reichtum drückt sich im Besitz von Besteck aus.

Im wesentlichen wird Besteck heutzutage in vier Qualitäten angeboten:

– Schwer vergoldete Bestecke: Auf einer Basis von »Alpaka« (Neusilber) oder Echtsilber wird die Hartvergoldung in einem galvanischen Bad aufgetragen.

– Echtsilber-Bestecke sind bis auf die Klingen durch und durch aus Silber. Man unterscheidet Silber 800/000 und Sterling-Silber 925/000. Die Zahlen geben den Silberanteil auf 1000 Materialanteile an (z. B. 800 g Silber + 200 g Kupfer). Die Kupferbeimischung ist nötig, weil Silber allein zu weich wäre.

– 90 g hartversilberte Bestecke werden aus einer Kupfer-Zink-Nikkel-Legierung, die sich »Alpaka« nennt, oder aus Edelstahl rostfrei hergestellt. Dieses Material wird mit 90 g pro 24 Quadratzentimeter hartversilbert.

– Edelstahl-rostfrei-Bestecke bestehen aus Chrom-Nickel-Stahl 18/10, das heißt zu 72% aus Stahl, dem 18% Chrom und 10% Nickel beigemischt wurden.

Die raffinierte Füllung aus Brezen und Pilzen in der Spanferkelbrust hat außer dem Wohlgeschmack noch einen weiteren Zweck: Sie hält das Fleisch saftig, dient gleichzeitig als Beilage und erspart somit der Hausfrau zusätzliche Arbeit. Man kann natürlich auch eine normale Schweinebrust nehmen, wenn man kein Spanferkel bekommen kann. Auch wenn häufig ein Holzspan im Bauch des etwa sechs Wochen alten Ferkels dafür sorgt, daß der Braten nicht zusam-

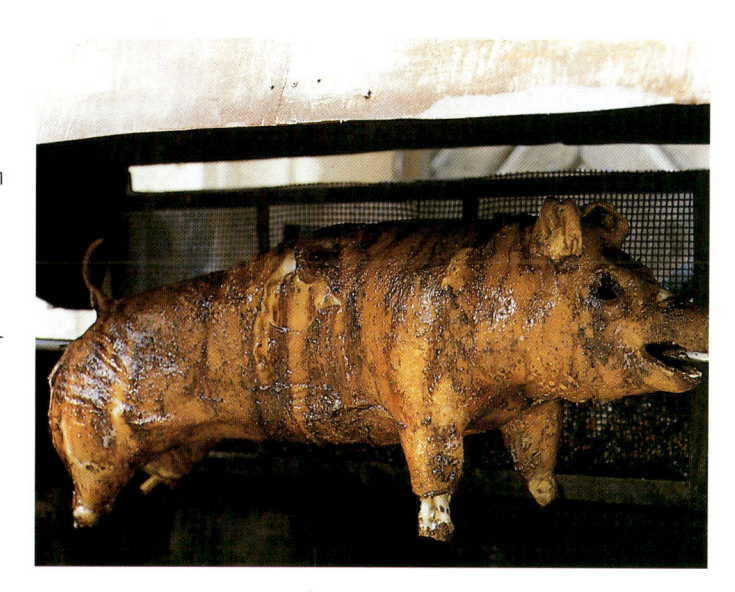

menfällt, hat das Wort »Span« eine andere Bedeutung: es kommt vom spät-mittelhoch-

deutschen »spenen«, was soviel wie säugen bedeutet. Ein Spanferkel ist also ein Fer-

kel, das noch gesäugt wird oder eben von der Mutter entwöhnt wurde.

VORSPEISE
Schuhbeck hält sich dran: Zur Suppe kein Wein, aber zum Hauptgericht empfiehlt er ein schönes Bier.

NACHTISCH
Zum Nachtisch serviert Alfons Schuhbeck einen badischen Wein, säurebetont, erdig und üppiger in der Frucht als ein Riesling: einen Grauburgunder Spätlese trocken »Ihringer Winklerberg« von Dr. Heger.

GETRÄNKETIPS

Wie das Pier summer vn̄ winter auf dem Land sol geschenckt vnd prauen werden

Item Wir ordnen/setzen/vnnd wöllen/ mit Rathe vnnser Lanndtschafft/ das füran allennthalben in dem Fürstenthūmb Bayrn̄/auff dem lande/ auch in vnsern Stettn̄ vn̄ Märckthen/da deßhalb hieuor kain sonndere ordnung ist/ von Michaelis biß auff Georÿ/ ain mass oder kopffpiers über ainen pfenning München werung/ vn̄ von sant Jorgen tag/biß auff Michaelis/ die mass über zwen pfenning derselben werung/ vnd derenden der kopff ist/ über drey haller/bey nachgesetzter Pene/nicht gegeben noch aufgeschenckht sol werden.   Wo auch ainer nit Mertzn̄/ sonder annder Pier prawen/oder sonst haben würde/sol Er d och das/kains wegs höher/dann die maß vmb ainen pfenning schencken/vnd verkauffen. Wir wöllen auch sonderlichen/ das füran allenthalben in vnsern Stetten/Märckthen/vn̄ auff dem Lannde/zū kainem Pier/ merer stückh/ dan̄ allain Gersten/Hopffen/vn̄ wasser/ genomen vn̄ geprauchtt sölle werdn̄. Welher aber dise vnsere Ordnung wissentlich überfaren vnnd nit hallten wurde/ dem sol von seiner gerichtzöbrigkait/ dasselbig vas Pier/zūstraff vnnachläßlich/ so offt es geschicht/ genommen werden . Jedoch wo ain G̊ewirt von ainem Pierprewen in vnnsern Stettn̄/ Märckten/oder aufm lande/yezūzeitn̄ ainen Emer piers/ zwen oder drey kauffen/ vnd wider vnntter den gemaynnen Pawrsuolck ausschenncken würde/dem selben allain/ aber sonnst nyemandts/sol dye mass/ oder der kopffpiers/ vmb ainen haller höher dann oben gesetzt ist/ze geben/ vn̄/ außzeschencken erlaube vnnd vnuerpotn̄.

Wilhelmus Vtriuß
Bauarie dux

Gegeben von Wilhelm IV. Herzog in Bayern
am Georgitag zu Ingolstadt Anno 1516

Originalurkunde
Reinheitsgebot für deutsches Bier von Herzog Wilhelm IV. aus dem Jahre 1516

DAS DRITTE MENÜ

......

MARINIERTE
RENKE MIT
FENCHEL-
DATSCHI

......

BAYERISCHE
BAUERNENTE
MIT SEMMEL-
KNÖDELN UND
BLAUKRAUT

......

DAMPFNUDELN
MIT VANILLE-
SAUCE

......

MARINIERTE RENKE MIT FENCHELDATSCHI

FÜR 4 PORTIONEN
500 g Renkenfilets
1 EL grober Senf
2 EL Crème fraîche
150 ml Brühe
1 Zitrone
Salz
Pfeffer aus der Mühle
8 – 10 Salatblätter
2 EL Salat-Dressing
nach Wahl

Für die Fencheldatschi:
500 g Kartoffeln
(vorwiegend festko-
chende Sorte)
2 Eier
Salz
Pfeffer aus der Mühle
2 TL gehacktes Grün
von einer Fenchelknolle
Öl zum Braten

1 *Renkenfilets kalt abwaschen und mit Küchenkrepp abtrocknen.*

2 *Senf, Crème fraîche, Brühe und Zitronensaft aufkochen. Mit Salz und Pfeffer würzen.*

3 *Den Fisch mit der abgekühlten Mischung übergießen und über Nacht abgedeckt im Kühlschrank stehen lassen.*

4 *Die Filets aus der Marinade nehmen. Marinade in einem großen flachen Topf aufkochen, von der Kochstelle nehmen und den Fisch darin erhitzen (nicht mehr kochen lassen).*

5 *Währenddessen die Kartoffeln schälen und reiben und in einem Tuch ausdrücken. Mit Ei mischen. Salz, Pfeffer und Fenchelgrün unterrühren.*

6 *In einer beschichteten Pfanne wenig Öl erhitzen. Jeweils einen halben Eßlöffel Kartoffelmasse hineingeben, rund auseinanderstreichen und von beiden Seiten goldbraun braten.*

7 *Salatblätter auf Tellern anrichten und mit Dressing beträufeln.*

8 *Fischfilets eventuell zerteilen und mit etwas heißer Marinade neben dem Salat anrichten. Die Fencheldatschi dazugeben.*

Für dieses Rezept eignen sich auch andere Süßwasserfische, wie zum Beispiel Lachsforellen, Lachs oder Bachforellen.

BAYERISCHE BAUERNENTE

FÜR 4 PORTIONEN
1 Bauernente
(etwa 2,5 kg)
2 Zwiebeln
½ Apfel
1 Stengel Majoran
2 EL gehackte
Petersilie
Salz
Pfeffer aus der Mühle
½ l Brühe

Für die Semmelknödel:
12 altbackene
Semmeln oder große
Weißbrotscheiben
(etwa 500 g)
300 ml Milch
60 g Butter
2 Schalotten
2 TL Wammerl
(durchwachsener
Speck) in Würfeln
1 kleines Bund
Petersilie
Salz
Pfeffer aus der Mühle
Muskat
4 Eier

1 *Ente für 1 Stunde in Eiswasser legen. Flügel und Hals abschneiden und für die Sauce kleinhacken.*

2 *Zwiebeln und Apfel schälen, würfeln und mit Kräutern mischen.*

3 *Ente innen und außen mit Salz und Pfeffer einreiben und mit der Apfel-Zwiebel-Mischung füllen. Die Öffnung mit einem Spieß zustecken.*

4 *Die Ente in einen Bratentopf legen und ½ Liter Wasser zugießen. Im auf 175 Grad vorgeheizten Backofen etwa 2 Stunden braten. Dabei ab und zu mit dem herausgebratenen Fett begießen.*

5 *Die äußeren Blätter des Blaukrauts und den Strunk vom Kohlkopf entfernen. Den Kohl mit einem scharfen Messer oder auf einem Krauthobel in feine Streifen schneiden. Apfel schälen und entkernen.*

6 *Das Kraut mit Salz bestreuen und Rotweinessig zugießen. Alles mischen und etwa 2 Stunden stehen lassen.*

7 *Semmeln in Scheiben schneiden und in eine Schüssel geben. Milch erwärmen.*

8 *Butter zerlassen. Gewürfelte Schalotten, Speckwürfel und gehackte Petersilie zufügen und kurz andünsten.*

9 *Alles auf die Semmelscheiben geben und mit Milch begießen. Mit Salz, Pfeffer und Muskat würzen. Nicht durchrühren, 30 Minuten stehen lassen.*

10 *Für das Blaukraut Butter in einem Topf zerlassen. Gewürfelte Zwiebel, geriebenen Apfel und Zucker darin glasig dünsten.*

11 *Das Blaukraut mit der Flüssigkeit zufügen. Kurz anschmoren. Rotwein, Brühe, Preiselbeeren, Zimtstange, Nelken und Lorbeer zufügen und mischen. 30 Minuten im geschlossenen Topf garen.*

12 *Verquirlte Eier zu den Semmelscheiben zufügen. Die Masse gründlich durchmischen, ohne dabei zu sehr zu kneten. In 8 gleich große Portionen teilen und aus jeder mit angefeuchteten Händen einen glatten runden Knödel formen.*

13 *Salzwasser aufkochen. Die Knödel hineingeben und 15 Minuten im leise siedenden Wasser garen. Das Wasser darf nicht sprudelnd kochen.*

14 *Die fertige Ente aus dem Topf nehmen. Das Bratfett abschöpfen und beiseite stellen.*

15 *Für die Sauce Flügel- und Halsstükke im Bratensatz der Ente bräunen. Die Füllung aus der Ente zufügen und kurz mitschmoren. Brühe zugießen und 20 Minuten bei kleiner Hitze im geschlossenen Topf kochen.*

16 *Die Sauce durchsieben und mit Salz und Pfeffer würzen. 1 – 2 Eßlöffel Entenfett unterrühren und die Sauce warmstellen.*

17 *Keulen von der Ente abtrennen, die Knochen herauslösen. Brustfleisch vom Knochen lösen. Die Ententeile unter dem vorgeheizten Grill bräunen. Mit der Sauce auf vorgewärmten Tellern anrichten. Knödel mit dem Schaumlöffel herausheben, auf einem Küchentuch etwas abtropfen lassen und zu den Ententeilen geben. Das Blaukraut mit Salz und Pfeffer abschmecken. Zimtstange, Nelken und Lorbeer entfernen und ebenfalls auf die Teller geben.*

Für das Blaukraut:
1 kg Blaukraut
(Rotkohl)
1 säuerlicher Apfel
(Boskop o. ä.)
Salz
100 ml Rotweinessig
1 EL Butter
1 Zwiebel
25 g Zucker
200 ml Rotwein
125 ml Brühe
70 g Preiselbeeren
½ Zimtstange
1 – 2 Nelken
1 Lorbeerblatt
Pfeffer aus der Mühle

DAMPFNUDELN MIT VANILLESAUCE

FÜR 4 – 6 PORTIONEN
25 g Hefe
3 EL Zucker
¼ l Milch
500 g Mehl
2 Eier
80 g Butter
1 Prise Salz

Zum Garen:
¼ l Milch
20 g Butter
1 EL Zucker

Damit die Dampfnudeln richtig locker aufgehen, muß sich beim Backen genügend Dampf entwickeln. Also einen großen Topf mit fest schließendem Deckel nehmen. Sehr gut geht es in einem Bratentopf, der schwer genug ist, um die Hitze gleichmäßig zu verteilen.

1 *Für das Dampferl (den Vorteig) die Hefe mit 2 Teelöffel Zucker in 4 Eßlöffel lauwarmer Milch auflösen.*

2 *Mehl in eine Schüssel geben und eine kleine Mulde in die Mitte drücken. Hefemilch hineingeben und mit etwas Mehl verrühren. Die Schüssel zum Gehen an einen warmen Ort stellen.*

3 *Nach etwa einer Viertelstunde, wenn das Dampferl blasig aufgegangen ist, die restliche Milch, verquirlte Eier, flüssige lauwarme Butter, Salz und restlichen Zucker zufügen.*

4 *In der Küchenmaschine oder mit den Knethaken des Handrührers so lange durchkneten, bis der Teig glatt und elastisch geworden ist und sich vom Schüsselrand löst. Noch einmal für mindestens 30 Minuten an einem warmen Ort gehen lassen, bis sich der Teig etwa verdoppelt hat.*

5 *Den Teig mit den Händen auf wenig Mehl kräftig durchkneten und 4 – 5 cm dicke Rollen formen. Gleichmäßige Stücke (etwa 5 cm lang) davon abschneiden und jedes Stück zu einer glatten Kugel rollen.*

6 *In einem großen flachen Topf mit schwerem, gutschließendem Deckel (mind. 30 cm Ø) lauwarme Milch, Butter und Zucker mischen und die Teigkugeln nebeneinander hineinsetzen. Noch einmal 20 Minuten gehen lassen.*

7 *Backofen auf 180 Grad vorheizen, den geschlossenen Topf hineinschieben und die Dampfnudeln etwa 35 Minuten backen. Den Topf zwischendurch nicht öffnen, sonst entweicht der Dampf.*

1 *Vanilleschote der Länge nach halbieren und das Mark herauskratzen. Schote und Mark mit Sahne und Milch zum Kochen bringen. Die Hälfte des Zuckers darin auflösen und die Flüssigkeit durchsieben.*

2 *Eigelb und Ei hellschaumig aufschlagen. Den restlichen Zucker unter Schlagen einrieseln lassen.*

3 *Für das Wasserbad etwa handbreit Wasser in einem weiten Topf erhitzen. Eine passende Schüssel so in den Topf hängen, daß der Boden die Wasseroberfläche nicht berührt. Leichter geht es mit einem speziellen Wasserbadtopf.*

4 *Eierschaum und heiße Vanillemilch in die Schüssel geben und auf dem leise siedenden Wasserbad schlagen, bis die Mischung dicklich und gebunden ist.*

5 *Schüssel vom Wasserbad nehmen. Die Vanillesauce gut gekühlt oder lauwarm servieren.*

Für die Vanillesauce:
1 Vanilleschote
⅛ l Schlagsahne
⅛ l Milch
80 g Zucker
3 Eigelb
1 Ei

TIPS RUND UM
DEN TISCH

Der farbenfrohe Rand dieses Porzellans von *Villeroy und Boch* bringt die Speisen besonders gut zur Geltung. Wichtig ist hier beim Anrichten natürlich, daß das Muster nicht überdeckt wird.

In den fünfziger Jahren war sie schon einmal ungeheuer beliebt und hatte ihren festen Platz in der Rundfunk-Phono-Fernseh-Kombination: die Hausbar. Inzwischen schießen in den Großstädten Cocktailbars wie – Schuhbeck würde sagen – Schwammerl nach dem Regen aus dem Boden. Und auch das Mixen zu Hause gewinnt zunehmend Freunde. Wir zeigen Ihnen hier, was zu den unerläßlichen Requisiten einer ordentlichen Cocktailbar gehört:

– Shaker,
– Doppelmeßbecher,
– Barlöffel,
– Eisnehmer,
– Kapselheber,
– Barzange,
– Barsieb,
– Glockenkorkenzieher
– Sektflaschenverschluß.

Aber das schönste Werkzeug nützt natürlich nichts ohne den rechten Vorrat an geistigen Getränken. Was eine rechte Barfliege werden will, sollte sich beizeiten eindecken mit Scotch- und Bourbon-Whisky, Dry Gin, Wodka, weißem und braunem Rum, Cognac, Angostura Bitter, trockenem Vermouth, Curaçao Triple Sec und Cointreau. Dazu Champagner, Ginger Ale, Soda-Wasser und Fruchtsäfte. Wohl bekomm's!

Seine Enten bezieht Alfons Schuhbeck bei selbst ausgesuchten Erzeugern, und er hält wenig von der weitverbreiteten Sitte, die Vögel noch halbroh zu servieren. Durchgebraten und knusprig, so setzt er sie am liebsten seinen Gästen vor. Die Enten sollten etwa 2 – 3 kg wiegen und nicht älter als ein Jahr sein. Der Begriff »Flugente« ist übrigens unsinnig – fliegen können schließlich alle.

VORSPEISE
Alfons Schuhbeck hat eine große Vorliebe für Weine aus Österreich, deshalb empfiehlt er diesmal einen leichten und frischen, aber doch kernigen Grünen Veltliner Cabinet vom Nikolaihof in der Wachau.

HAUPTGERICHT
Auch zum Hauptgang bleiben wir in der Wachau: Zur Ente serviert Schuhbeck einen fruchtig-samtigen Blauen Burgunder »Langenloiser Dechant« von Brundlmayer.

NACHTISCH
Zur Dampfnudel paßt am besten ein schöner Kaffee.

GETRÄNKETIPS

GLOSSAR DER BAYERISCHEN SCHMANKERLKÜCHE

Wenn Sie einmal das Vergnügen haben, bei Alfons Schuhbeck in Waging zu essen, sollten Sie wenigstens mit rudimentären Kenntnissen des Bayerischen ausgestattet sein.

Backerl	*Backen von Schwein oder Kalb*
Blaukraut	*Rotkohl*
Brez'n	*Laugenbrezel*
Buchteln	*Hefegebäck*
Dampferl	*Hefe-Vorteig*
Datschi	*flaches Gebäck (Hefekuchen mit Obst oder Reibekuchen)*
Fleckerl	*Kaldaunen, Kutteln, bezeichnet aber auch z. B. viereckig geschnittene Nudeln u.ä.*
Gansljung	*Gänseklein*
Gelbe Rüben	*Möhren*
Hax'n	*unteres Bein von Kalb oder Schwein*
Holler	*Holunder*
Kletzen	*Dörrobst, speziell Birnen*
Kraut	*feingeschnittenes geschmortes Gemüse*
Kren	*Meerrettich*
Nockerl	*kleine ovale Klöße*
Pfanzl	*Frikadellen, das Wort kommt von »Pfannzelten«, d. h. in der Pfanne gebratene flache Kuchen*
Reherl	*Pfifferlinge*
Rote Rüben	*Rote Bete*
Schöberl	*gebackene rhombenförmige Suppeneinlage*
Schwammerl	*Pilze*
Vogerlsalat	*Feldsalat*
Wammerl	*Bauchspeck*

DAS VIERTE MENÜ

......

FRISCH
GERÄUCHERTER
WALLER AUF
LINSENSALAT

......

KASTANIEN-
SUPPE

......

GEPÖKELTER
SCHWEINEHALS
IM KÜMMELBROT-
MANTEL MIT
WEISSKRAUT-
SALAT

......

SCHUHBECKS
BAYRISCHE
CREME

......

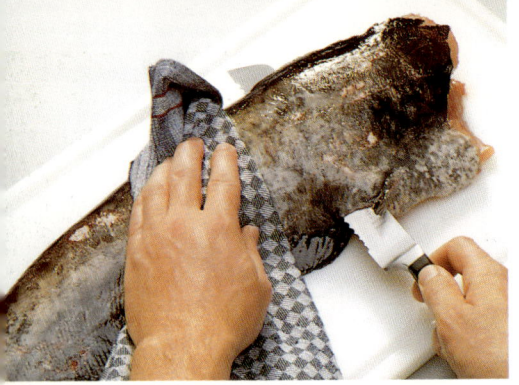

FRISCH GERÄUCHERTER WALLER AUF LINSENSALAT

FÜR 4 PORTIONEN
80 g Linsen
400 g Filet vom Waller
30 g Butter
1 Zwiebel
1 Stange Lauch
1 Karotte
10 g geräucherter
Wammerl (durchwach-
sener Räucherspeck)
1 TL Tomatenmark
200 ml Brühe
1 Knoblauchzehe
100 ml Schlagsahne
Salz
Pfeffer aus der Mühle
Rotweinessig

1 *Linsen auf einem Sieb unter fließend kaltem Wasser waschen.*

2 *Wallerfilet in Stücke von etwa 30 g schneiden.*

3 *Entweder selbst 6 – 7 Minuten heiß räuchern oder beim Fischhändler geräuchert bestellen.*

4 *Zwiebel schälen, Lauch und Karotte putzen und mit dem Wammerl fein würfeln.*

5 *Butter zerlassen, Gemüsewürfel darin glasig dünsten.*

6 *Linsen und Speckwürfel zum Gemüse geben, mischen und mit Tomatenmark anschwitzen.*

7 *Brühe, etwas Wasser und zerdrückten Knoblauch dazufügen und etwa 35 Minuten in geschlossenem Topf kochen, bis die Linsen weich sind.*

8 *Sahne unterrühren und die Hälfte der Linsen mit der Kochflüssigkeit im Mixer schaumig aufmixen. Zu den restlichen Linsen geben und mit Salz, Pfeffer und Essig abschmecken.*

9 *Das geräucherte Wallerfilet auf dem Linsensalat anrichten.*

Der Linsensalat, der hier so vorzüglich den Waller begleitet, paßt auch zu jeder Art von gebratenem Fisch.

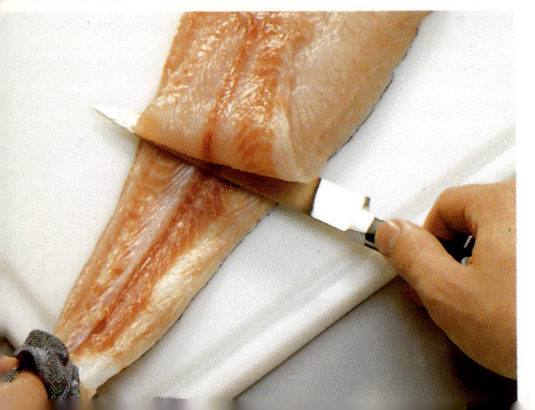

KASTANIENSUPPE

FÜR 4 PORTIONEN
300 g Kastanien
(Maronen)
200 ml Brühe
80 g Sellerieknolle
200 ml Schlagsahne
40 – 50 g Butter
Muskat
Zucker
Salz
¼ Knoblauchzehe
Pfeffer aus der Mühle

1 *Die Schale der Kastanien an der gewölbten Seite mit einem scharfen Küchenmesser kreuzweise einschneiden.*

2 *Auf ein Backblech geben und im vorgeheizten Ofen 7 – 8 Minuten bei 220 Grad backen, bis sich die Schalen öffnen. Die noch warmen Kastanien aus der Schale brechen. Den braunen Filz von den gelblichen Kernen abziehen.*

3 *Wurmstichige Kerne aussortieren.*

4 *Brühe in einem Topf erhitzen. Kastanienkerne und geputzten Sellerie zufügen. 15 – 20 Minuten leicht kochen lassen.*

5 *Die Kastanien abgießen, die Brühe auffangen.*

6 *Kastanien, etwa 100 ml Brühe und 150 ml Sahne im Mixer oder mit dem Pürierstab pürieren und aufmixen.*

7 *Die Suppe soll sämig, aber nicht dick sein. Soviel Brühe zufügen, bis die richtige Konsistenz erreicht ist.*

8 *Butter zufügen und aufmixen. Mit Muskat, Zucker, Salz, zerdrücktem Knoblauch und Pfeffer abschmecken.*

9 *Restliche Sahne steif schlagen und unter die Suppe heben. Sofort servieren.*

Ganz sicher keine ursprünglich bayerische Zutat – aber Alfons Schuhbeck hobelt sich im Herbst gern weiße Trüffeln aus dem Piemont über die Suppe. Machen Sie's nach, wenn Sie welche bekommen können.

GEPÖKELTER SCHWEINEHALS IM KÜMMELBROTMANTEL

FÜR 4 PORTIONEN
500 g Mehl Type 550
oder 1050
½ EL Salz
2 EL Kümmel
1 EL Zucker
25 g Hefe
200 ml Milch
40 g Butter
1,5 kg gepökelter
Schweinehals
1 Ei

Für den Weißkrautsalat:
1 Weißkohl
1 große Zwiebel
1½ EL Wammerl
(Räucherspeckwürfel)
1½ TL Kümmel
6 EL Essig
4 EL Öl
Salz
Pfeffer aus der Mühle

1 *Mehl, Salz, Kümmel und Zucker mischen. Hefe in lauwarmer Milch auflösen. Hefemilch und 200 ml lauwarmes Wasser zum Mehl geben und zu einem weichen Teig verkneten. Flüssige Butter unterkneten und den Teig 1 Stunde bei Zimmertemperatur gehen lassen.*

2 *Den Teig gut durchkneten und etwa 1 cm dick ausrollen.*

3 *Das Fleisch in den Teig einschlagen. Die Teigränder mit verquirltem Ei bestreichen und fest zusammendrücken. Den Braten so auf ein Blech legen, daß die Nähte unten sind. Den Teig weitere 40 Minuten gehen lassen.*

4 *Währenddessen für den Krautsalat die äußeren Kohlblätter entfernen, den Kohl zerteilen und den Strunk herausschneiden.*

5 *Den Kohl in feine Streifen schneiden oder auf einem Gemüsehobel zerkleinern.*

6 *Zwiebel schälen und fein würfeln.*

7 *Zwiebel, Speck, Kümmel, Essig, Öl, Salz und Pfeffer zum Weißkraut geben. Gründlich durchmischen. 1 Stunde durchziehen lassen.*

8 *Inzwischen den Braten in den auf 200 Grad vorgeheizten Backofen schieben und 15 Minuten backen. Den Ofen auf 160 Grad herunterschalten und den Braten weitere 60 Minuten garen.*

9 *Den Braten in dicke Scheiben schneiden und auf die Teller verteilen. Den Weißkrautsalat nochmals mit Salz, Pfeffer und eventuell Essig nachwürzen und dazugeben.*

Der Schweinehals behält durch die Brothülle seinen ganzen Saft. Hiervon sollte man immer eine größere Portion zubereiten, denn er schmeckt auch kalt und kann ein attraktiver Bestandteil eines kalten Büffets sein.

SCHUHBECKS BAYRISCHE CREME

FÜR 4 PORTIONEN
2 Blatt Gelatine
2 Vanilleschoten
3 Eigelb
70 g Zucker
1 EL Kirschwasser
300 ml Schlagsahne

Als Beilage:
Frisches Obst mit
Fruchtsauce

1 *Gelatine in kaltem Wasser einweichen. Vanilleschoten der Länge nach halbieren und das Mark herauskratzen.*

2 *Eigelb mit Zucker und Vanillemark in eine Schüssel geben und mit dem Handrührer so lange schlagen, bis eine dicke hellschaumige Creme entstanden ist.*

3 *Ausgedrückte Gelatine in einem kleinen Topf mit Kirschwasser und einem Eßlöffel Wasser auf kleiner Hitze auflösen.*

4 *Sahne steif schlagen. Etwas Sahne mit der Gelatine mischen und unter die Eicreme rühren. Restliche Sahne unterheben.*

5 *Die Creme in mehrere kleine oder eine große kalt ausgespülte Form füllen und für mindestens 2 Stunden kalt stellen.*

6 *Zum Stürzen kurz in heißes Wasser tauchen und die Creme auf die Teller geben, mit dem frischen Obst und der Fruchtsauce anrichten.*

Schuhbecks Variante ist leichter und einfacher zu machen als die herkömmliche Bayrische Creme. Abwechslung bringt Rum statt Vanille, aber auch Weinbrand oder ein aromatischer Likör. Man kann sie auch abwechselnd mit Obst und gerösteten Nüssen in eine Schüssel geben.

TIPS RUND UM DEN TISCH

Zu manchem Porzellan gibt es sogar passende Serviettenringe, wie hier bei diesem Geschirr von *Seltmann*. Diese kommen natürlich besonders gut zur Geltung, wenn sie mit farblich abgestimmten Stoffservietten gedeckt werden. Aber auch mit den inzwischen weit verbreiteten Zellstoffservietten geben sie Ihrem Tisch eine ganz besondere Note.

In Bayern wird übrigens seit langer Zeit Steingut, Porzellan und Glas hergestellt. In Niederbayern gibt es Lehm und Ton, beides braucht man zur Fertigung von Steinzeug. In der Oberpfalz fand man Kaolin, unentbehrlicher Bestandteil des Porzellans, und die Wälder des Fichtelgebirges und des Bayerischen Waldes lieferten Holz für die Pottasche und die Holzkohle zur Glasfabrikation. Bei diesen guten Bedingungen kann es nicht verwundern, daß Bayern Deutschlands größter Porzellanproduzent ist.

Die besten Glasmacher kamen allerdings von jenseits der Alpen – aus Murano. Und weil sie ein großes Geheimnis aus ihren Künsten machten, rankten sich um sie bald merkwürdige und unheimliche Geschichten: Man sprach von den »Venediger Mandln« mit einer Mischung aus Respekt und Gespensterangst, und oft mußten sie zur Bändigung allzu übermütiger Kinder herhalten.

Der Waller, auch Wels genannt, ist der größte europäische Süßwasserfisch. Er wird bis zu 3 Meter lang und kann bis zu 250 kg wiegen. Sein Kopf ist mächtig und breitgedrückt mit langen Bartfäden. Er lebt als Grundfisch in Donau und Bodensee, nicht aber in Rhein, Weser oder Elbe. Kastanien sind heute selten in unseren Breiten, nur an der Mosel gibt es noch Wälder von Eßkastanien. Früher aber waren sie ein billiges Brot der Armen, die sie im Wald sammelten und Mehl

daraus machten oder Suppe kochten.
Die »Bayrische Creme« ist eines der wenigen deutschen Gerichte, die

– als »Bavaroise« – Eingang in die große internationale Küche gefunden hat.

VORSPEISE
Alfons Schuhbeck läßt in Frankreich seine eigene Champagner Cuvée herstellen, deshalb gibt es zur Vorspeise einen weinigen und säurearmen Champagner »Forget Brimont«.

HAUPTGERICHT
Auch hier, bei der gepökelten Schweineschulter, greift Alfons Schuhbeck am liebsten zu Bier, aber auch ein fruchtiger, säurebetonter Grauburgunder aus Baden würde gut dazu passen.

NACHTISCH
Zum bayerischen Nachtischklassiker empfiehlt Schuhbeck eine trockene Riesling Spätlese von der Mosel aus der Schubertschen Schloßkellerei.
Der »Maxim Grünhäuser Abtsberg« ist reif trotz eines hohen Säuregehalts, bukettreich und würzig.

GETRÄNKETIPS

A

Aal 49
Angeldorsch, gebratener 12
Äpfel 36
Apfelpfannkuchen 36
Auberginen 74

B

Bauernente 164
Bayerische Creme 178, 181
Besteck 158
Besteck, historisches 102
Besteck, Reihenfolge 146
Blaukraut 164
Blutwursträdle 126
Bodenseekirschen, glacierte 88
Bodenseelachsforelle 86
Brät 56
Brätnockerl 140
Bratkartoffeln 24
Brezenfüllung 152
Brotwürfel, geröstete 126
Buchweizenpfannkuchen 42
Bunte Rübchen 76
Buttermesser 28

C

Chaudeau-Sauce 68

D

Dampfnudeln 130, 166

E

Ente 169

F

Felchen 61
-, geräucherter 54
Felchenkaviar, gelierter 54
Fencheldatschi 162
Fisch 32, 39
Fischbesteck 38
Fleischfarce 56
Fleischfüllungen 71
Fleischpfanzl 150

G

Gänseleber 128
Gemüseterrine 96
Glas 180
Gläser 60, 70
Grießauflauf 100

H

Halbgefrorenes 46
Hausbar 168
Himbeeren, marinierte 78
Honig 123

I

Innereien 81

K

Kalbshaxe, gefüllte 66
Kalbskopf, Sülze vom 84
Kalbskutteln, Sülze von 84
Kalbsleberwürfel 74
Karpfen 147
-, geräucherter 64
-, Rahmsulz vom 138
Kartoffel 133
Kartoffelgangerl 150
Kartoffelkruste 118
Kartoffelpuffer 22
Kartoffelrahmsuppe 126
Käsekuchen 154
Kastanien 181
Kastaniensuppe 174
Keramik 112
Kirschen, eingelegte 144
-, glacierte 88
Kirschpfannküchle 110
Kirschwasser 113
-, Halbgefrorenes 110
Korinthen-Meerrettich-Sauce 44
Krautroulade 56
Krautstrudel 150
Krautwickel 128
Kristallglas 60
Krokanteis 156
Kümmelbrotmantel 176

L

Lachsforelle 91
Lachsforellenfilet 116
Lachsforellensülze 106
Lamm 19
Lammschulter, geschmorte 14
Linsen 12, 56
Linsensalat 12, 172
Linsensauce 118

M

Mandel-Krokant-Fächer 88
Mangold 103
Matjestatar 22
Maultaschen 86
Mazarintasse 132
Meerrettichknöpfle 116
Messer 90
Mohn-Halbgefrorenes 78
Morcheln 103

O

Ochsenbrust 29
-, gepökelte 24

P

Pesto 96

Pfannen 80
Platzteller 28
Pökelgans 44
Pökeln 24
Polentastrudel 140
Porzellan 122
Poulardenbrust, gefüllte 98

Q

Quarkauflauf 26
Quarkmaultaschen 78

R

Rahmblättle, saure 108
Rahmsulz vom Karpfen 138
Räuceraal-Tatar 42
Räucherfelchen 54
Räuchern 64
Renke, marinierte 162
Rhabarberkompott 26
Rinderbrust, gesottene 142
Römertopf 14, 18
Rote Grütze 16
Rote-Bete-Suppe 116
Rotweineis 120
Rumtopf 100
Rumtopffrüchte 100

S

Salat 32
Sauerkraut 64
Schellfischfilet 34
Schinkenschöberl 140
Schmoräpfelchen 130
Schnittlauch-Sauce 106
Schokoladenkuchen 144
Schweinebäckchen, gepökeltes 118
Schweinehals, gepökelter 176
Schweinsfüße 128
Semmelknödel 164
Senf-Dill-Mayonnaise 22
Senfkruste 142
Senfsauce 34
Serviettenknödel 76
Sherrysauce 98
Shiitakepilze 86
Spanferkel 159
Spanferkelbrust 152
Spanferkelrücken 108
Spargelvinaigrette 24
Spätzle 56
Spülmaschine 48
Sülze 106
-, von der Lachsforelle 106
-, vom Kalbskopf 84
-, von Kalbskutteln 84

T

Tafelspitz 147
Tafelspitzsupperl 140
Tannenhonig-Auflauf 120
Täubchen, geschmortes 76
Tee-Halbgefrorenes 46
Töpfe 80
Trüffel 128

V

Vanillesauce 16, 130, 166

W

Waller 181
-, geräucherter 172
Weintrauben-Lembergergelee 68
Weißkrautsalat 176
Williamsbirne 120

Z

Zanderfilet, gebratenes 32
Ziegenquark 96
Zimteis 36
Zucchini 74
Zwieback-Apfel-Auflauf 58

Ablöschen Zugießen von Flüssigkeit, um Röst-stoffe, die sich beim Braten bilden, aufzulösen zur Herstellung einer Sauce.

Anschwitzen Gemüse, Fleisch oder anderes Gargut in Fett bei schwacher Hitze anbraten, ohne es zu bräunen.

Auslösen Fleisch vom Knochen trennen.

Blanchieren Kurzes Garen in kochendem Wasser.

Farce Glatte Sauce.

Filetieren Das saubere Herausschneiden reiner Fleisch-, Fisch- oder Fruchtstücke; Zerteilen in Filets.

Filieren Siehe Filetieren.

Fond Flüssige, ungebundene Grundlage für eine Sauce oder Suppe, in der bestimmte aromatische Zutaten gekocht bzw. gezogen haben, z.B. Fisch-fond, Kalbsfond, Pilzfond. Deutsches Wort: Brühe.

Geklärte Butter Geklärte Butter erhält man, wenn man Butter erhitzt und abschäumt, bis keine Molke mehr vorhanden ist, und das reine Butter-fett dann durch ein feines Sieb passiert.

Glacieren Mit einem glänzenden Überzug versehen.

Läuterzucker Läuterzucker entsteht, wenn Zucker und Wasser zu gleichen Gewichtsanteilen (z. B. $1/2$ l Wasser und 500 g Zucker) einige Minuten zusammen gekocht werden. Deutsches Wort: Zuckersirup.

Marinade Gewürzte Flüssigkeit zum Einlegen von Fleisch oder Fisch.

Marinieren In eine Marinade einlegen.

Nappieren Mit Sauce überziehen.

Palette Küchengerät, das insbesondere Kondito-ren benutzen, um Cremes aufzustreichen. Wird auch zum Plattieren zäher Teigmassen verwandt.

Parieren Fleisch oder Fisch von Haut, Sehnen und überflüssigem Fett befreien und sauber zurechtschneiden.

Passieren Etwas durch ein feines Sieb streichen, um eine glatte Sauce oder Farce zu bekommen.

Plattieren Etwas platt klopfen. Am besten schlägt man das zu plattierende Gut in Klarsichtfolie ein und klopft gleichmäßig mit einem großen schweren Messer.

Pökeln Einlegen von Fisch oder Fleisch in eine Pökellake, die aus Wasser, Pökelsalz und Gewürzen besteht.

Pökelsalz Nitrithaltiges Salz. Ist beim Metzger erhältlich.

Reduzieren Einkochen von Flüssigkeit durch Verdampfen im offenen Topf. Dadurch wird der Geschmack intensiviert, die Aromastoffe der Zutaten kommen besser zur Geltung.

Saucenspiegel Geben Sie beim Anrichten zuerst die Sauce auf den Teller, und legen Sie dann die entsprechenden Speisen auf.

Sautieren Kurzes Braten von dünngeschnittenem Bratgut in heißem Fett in einer Sauteuse.

Sülzenstand Grundlage für ein Aspik.

Terrinenform Rechteckige, meist längliche Form aus emailliertem Gußeisen mit Deckel.

Tomaten häuten Mit einem kleinen, spitzen Messer den Strunk entfernen, die Haut auf der gegenüberliegenden Seite kreuzweise einritzen, die Tomate kurz in kochendes Wasser tauchen und in Eiswasser abschrecken. Danach läßt sich die Haut ganz leicht abziehen.

Tranchieren Zerlegen von Fleisch, Fisch, Wild oder Geflügel.

Vinaigrette kalte Sauce, die auf einer emulgativen Bindung von Essig und Öl basiert.

Warm-kalt schlagen Die entsprechenden Zutaten im heißen Wasserbad mit dem Schnee-besen aufschlagen, bis das Eigelb abbindet. Es darf aber nicht gerinnen, also nicht zu heiß werden. Anschließend im Eisbad weiter schlagen, bis die Masse erkaltet ist.

Wolfgang Arntz, Wermelskirchen (mit freundlicher Genehmigung des Kölnischen Stadtmuseums): S. 102 unten;
Peter M. Bürger, Traunstein: S. 136 oben;
CMA-Centrale Marketing Gesellschaft der deutschen Agrarwirtschaft, Bonn: S. 19*, 29*, 81*, 103, 123, 133, 169
(*IP Informationen/Public relations D. Schulze van Loon);
Deidesheimer Hof, Deidesheim: S. 124 l.M. und l.u.;
Fischereihafen-Restaurant, Hamburg: S. 30 o.;
Fischwirtschaftliches Marketing-Institut, Bremerhaven: S. 39;
Förderungsgemeinschaft des Deutschen Fleischerverbandes e.V., Frankfurt: S. 71;
Forum Tisch + Raumkultur, Völklingen: S. 18 o., 28, 38 u., 48 u.l. und o., 60 o., 80 o., 90 o., 102 o., 112, 122 o., 132 o., 146 o., 158 o., 168 o., 180 o.;
Fotostudio Eichler + Hofmann, München (aus dem Sortiment der Schott-Zwiesel-Glaswerke AG, Zwiesel): S. 48 u.r., 70 u., 146 u.l., 158 u.;
Fotostudio Hilde Pedrotti, Achern-Önsbach: S. 104 u.;
Freiburg Wirtschaft und Touristik GmbH, Freiburg: S. 114 u.;
Fremdenverkehrsverband Allgäu/Bayerisch-Schwaben e.V., Augsburg: S. 135 r.M.;
Fremdenverkehrsverband Neckarland-Schwaben, Heilbronn: S. 50 l.M., 82 r.u.;
Fremdenverkehrsverband Schwarzwald, Freiburg: S. 92, 93, 94 r.u., 124 r.u.;
Allan Ginsburg, Hamburg: S. 10 o.;
Gebr. Metz, Tübingen: S. 72 l. und l.u.;
Hotel Colombi, Freiburg: S. 114 l.M.;
Jahreszeiten-Verlag, Hamburg: S. 40 l.u.;
Kammer-Kirsch GmbH, Karlsruhe: S. 113;
Kreisbildstelle Nordfriesland, Husum: S 10 l.u., 20 l., 30 l. und l.u.;
Kur- und Sporthotel Traube-Tonbach, Baiersbronn: S. 94 l.;
Landesfremdenverkehrsverband Baden-Württemberg e.V., Stuttgart: S. 50 l.o. und l.u., 51 r.u., 62 l.u.;
Landesfremdenverkehrsverband Bayern, München: S. 136 l.;
Landhaus am Schloßpark, Rastede: S. 40 l.;
M. Langer, München: S. 180 u.;
Günter G. A. Marklein, Freiburg/Elbe: S. 8, 8/9, 9, 10 r.u., 20 r.u., 30 r.u., 40 r.u., 49 o., 134 u.M., 135 o. und l.M., 136 r.u., 159;
Carl Mertens GmbH + Co., Solingen: S. 168 u.;
Museum der Deutschen Porzellanindustrie, Hohenberg a.d. Eger: S. 122 u.;
Neue Deutsche Filmgesellschaft, Hamburg: S. 10/11, 20/21, 30/31, 38 o., 40/41, 52/53, 62/63, 70/71, 72 o., 82/83, 94/95, 104/105, 114/115, 124/125, 136/137;
Postillion, Schwäbisch Gmünd: S. 62 l. und r.u.;
Realbild, Klaus D. Neumann, München: S. 135 u.;
Romantik Hotel Waldhorn, Ravensburg: S. 82 o. und l.;
Schott-Zwiesel-Glaswerke AG, Zwiesel: S. 60 u.;
Schweizer Stuben, Wertheim-Bettingen: S. 52 l. und l.u.;
Touristik-Gemeinschaft Schwäbische Alb, Schwäbisch Gmünd: S. 50/51, 51 r.o. und r.M., 52 r.u., 72 r.u., 82 l.u.;
WMF Württembergische Metallwarenfabrik AG, Geislingen/Steige: S. 80 u., 90 u., 146 r.u.;
Dieter Ziehm, Köln: S. 61, 147;
Zum Alde Gott, Baden-Baden: S. 104 l.M.;
Alle übrigen Fotos: Food Foto Köln, Jürgen Holz + Brigitte Krauth, Köln